信息技术支持下图书馆资源利用与服务创新研究

赵丽琴　著

吉林科学技术出版社

图书在版编目（CIP）数据

信息技术支持下图书馆资源利用与服务创新研究 /
赵丽琴著. —— 长春：吉林科学技术出版社，2022.8
ISBN 978-7-5578-9798-7

Ⅰ.①信… Ⅱ.①赵… Ⅲ.①图书馆利用②图书馆服
务 Ⅳ.①G252

中国版本图书馆CIP数据核字(2022)第179527号

信息技术支持下图书馆资源利用与服务创新研究

著	赵丽琴	
出 版 人	宛　霞	
责任编辑	蒋雪梅	
封面设计	优盛文化	
制　版	优盛文化	
幅面尺寸	170mm×240mm	
字　数	210 千字	
印　张	11.75	
印　数	1–1500 册	
版　次	2022年8月第1版	
印　次	2023年4月第1次印刷	

出　版　吉林科学技术出版社
发　行　吉林科学技术出版社
地　址　长春市南关区福祉大路5788号出版大厦A座
邮　编　130118
发行部电话/传真　0431-81629529　81629530　81629531
　　　　　　　　　　81629532　81629533　81629534
储运部电话　0431-86059116
编辑部电话　0431-81629510
印　刷　三河市嵩川印刷有限公司

书　号　ISBN 978-7-5578-9798-7
定　价　90.00 元

前 言

图书馆是人类文明进步的重要阶梯，而我国作为国际社会中的大国，对国际文明进步起着重要作用。因此，我国图书馆的建设对国际精神文明建设与文明程度有着显著影响，可以说，我国图书馆的建设与服务管理受到国际社会的广泛关注，而其发展现状、建设创新等至关重要。

在互联网时代，图书馆资源由传统的实体走向数字化和网络化，用户对信息的需求也由原来的信息查找转向对知识的获取与个性化服务。历年来，各地、各级单位图书馆的建设通过不断扩大其规模来满足用户的信息需求，但造成了"资源孤岛"和"资源超载"两大困境。而用户不再只要求从无数馆藏中快速找到所需信息，还要求获得信息中蕴含的知识内容及逻辑关系，以进行知识的理解、使用和创造。针对图书馆的困境、数字化资源环境中用户更高的需求等问题，通过多种途径、多种方法来揭示和关联日益丰富的数字资源，有利于用户对信息资源的有效获取和知识内容的共建共享。所以，如何对图书馆资源进行利用与服务创新研究，成为业界关注的热点问题。

全书一共分为九章。

第一章主要阐述了图书馆资源概况，包括图书馆的特征与类型、图书馆要素与图书馆资源、图书馆资源的开发与利用。

第二章主要阐述了公共图书馆资源建设标准与服务标准，使用户可以了解公共图书馆信息资源建设与服务的相关标准，明确图书馆资源建设和服务标准与提升图书馆服务质量、保障公民阅读权利、满足用户信息需求之间的关系，自觉遵循和执行图书馆资源建设与服务方面的标准与规范。

第三章主要阐述了现代图书馆资源战略管理，指的是图书馆管理工作人员在对图书馆外部实际环境和内部资源状况合理的分析和预测之后，制定战略目标和战略使命并且付诸行动，从而保障图书馆生存和长期稳定发展的过程。

第四章主要阐述了信息技术背景下的对数字图书馆与数字信息资源的研究，这是资源共享的要求。资源建设与资源共享应该是相辅相成的。数字信息资源是真正具有共享价值的资源，实现资源共享能使数字信息资源的价值得到更好的体现。

第五章主要阐述了信息技术背景下的数字图书馆资源理论问题与评价。第一节论述了数字图书馆资源聚合理论；第二、三节对用户行为进行研究，并在用户行为理论的基础下提出了图书馆资源聚合理论；第四、第五节依据多维度评价问题，提出了评价指标体系的构建。

第六章，主要阐述了数字图书馆特色服务。特色服务是以特色资源为重要的基础条件之一的，特色资源的目的是开展特色服务，特色资源对特色服务起着促进与限制的双重效应。数字图书馆所开展的各种与特色服务，可以从根本上解决图书馆馆藏与用户之间的矛盾，满足用户的各种不同需求，从而实现真正意义上的资源共享。

第七章阐述了数字图书馆服务链模式。由于顾客需求的个性化、多样化，以及全球市场环境的变动，企业面临着越来越大的市场竞争压力。为了获取竞争优势，就连传统的制造业都开始重视服务的效用。服务业如何快速、准确、个性化地将服务提供给用户变得越来越重要。因此，在现代服务业和服务科学领域，服务链管理的研究正成为热点。

第八章阐述了数字图书馆个性化服务系统应用实践。本章以数字图书馆个性化服务系统需求及功能分析为基础，对数字图书馆个性化推荐服务、推送服务进行了分析，并在最后一节论述了如何实现数字图书馆个性化服务功能。

第九章阐述了图书馆特色资源与服务发展创新，探究了特色资源的整合与发展，特色服务的创新方式，并提供典型案例。

本书结构完整、内容翔实、简明易懂，可用作图书馆建设与管理的理论指导，也可供相关研究人员参考。

本书的创作过程中难免会产生纰漏，敬请广大用户提出宝贵意见，并给予批评和指正。此外，在本书的编写过程中，参考了大量的论著与文献，为此，对参考文献的作者表示衷心的感谢。

赵丽琴

2022 年 1 月 4 日

目　录

第一章　图书馆资源概况 ……………………………………………………… 1

　　第一节　图书馆的特征与类型 ………………………………………… 1

　　第二节　图书馆要素与图书馆资源 …………………………………… 5

　　第三节　图书馆资源的开发与利用 …………………………………… 10

第二章　公共图书馆资源建设标准与服务标准 ……………………………… 19

　　第一节　建立图书馆资源建设标准与服务标准的必要性及其影响 … 19

　　第二节　公共图书馆资源建设标准与服务标准的类型 ……………… 22

　　第三节　公共图书馆信息资源建设标准 ……………………………… 28

　　第四节　公共图书馆的服务标准 ……………………………………… 32

第三章　现代图书馆资源战略管理 …………………………………………… 39

　　第一节　现代图书馆资源战略与规划管理概述 ……………………… 39

　　第二节　现代图书馆资源战略管理的层次 …………………………… 51

　　第三节　现代图书馆资源战略管理的制定与实施 …………………… 55

第四章　信息技术背景下的数字图书馆与数字信息资源 …………………… 59

　　第一节　数字图书馆概述 ……………………………………………… 59

　　第二节　数字信息资源的界定 ………………………………………… 63

　　第三节　数字信息资源的发展理论 …………………………………… 75

第五章　信息技术背景下的数字图书馆资源理论问题与评价 ……………… 79

　　第一节　数字图书馆资源聚合理论 …………………………………… 79

　　第二节　用户行为研究理论 …………………………………………… 89

　　第三节　基于用户行为的数字图书馆资源聚合理论 ………………… 92

第四节　多维度评价问题的提出 …………………………………… 94

第五节　评价指标体系的构建 ……………………………………… 96

第六章　数字图书馆特色服务 …………………………………… 110

第一节　数字图书馆特色服务概述 ………………………………… 110

第二节　依托特色资源开展特色服务的途径 ……………………… 111

第三节　数字资源特色服务内容 …………………………………… 113

第七章　数字图书馆服务链模式 ………………………………… 118

第一节　服务链与供应链 …………………………………………… 118

第二节　供应链管理 ………………………………………………… 121

第三节　供应链协调理论 …………………………………………… 126

第四节　数字图书馆的服务链架构 ………………………………… 134

第五节　数字图书馆服务链的服务模式 …………………………… 136

第八章　数字图书馆个性化服务系统应用实践 ………………… 139

第一节　数字图书馆个性化服务系统需求 ………………………… 139

第二节　数字图书馆个性化服务系统功能模块 …………………… 140

第三节　数字图书馆个性化推荐服务功能分析 …………………… 143

第四节　数字图书馆个性化推送服务功能分析 …………………… 144

第五节　数字图书馆个性化服务功能实现 ………………………… 147

第九章　图书馆特色资源与服务发展创新 ……………………… 150

第一节　云计算下特色资源的整合与共享 ………………………… 150

第二节　移动图书馆与移动服务 …………………………………… 158

第三节　超星移动图书馆建设实务 ………………………………… 167

参考文献 …………………………………………………………… 179

后　记 ……………………………………………………………… 182

第一章 图书馆资源概况

第一节 图书馆的特征与类型

一、图书馆的特征

图书馆是收集、整理和保存文献并向用户提供服务的机构。在人类漫长的历史发展历史中，图书馆通过系统地收集、整理和保存文献，默默无闻地承担着传播知识、传承文明的社会职能。

图书馆发端于古代，与文献的出现紧密相连。文字的产生和文献的出现，是人类社会进入文明阶段的重要标志。当人类开始将知识和信息用文字记录到载体上的，最古老的文献便产生了。当古代社会出现了保存人类知识和信息的载体——文献时，无疑是极其珍贵的，而早期文献一般又是由极难整理、极难保管的材料制成的。文献的保管需要专门知识和专门机构。因此，文献的数量达到一定规模之后，社会出现了专门的文献机构。这些文献机构，不论其职能如何，规模如何，工作流程如何，后人将它们笼统地称为图书馆。

现代图书馆学在讨论图书馆的历史起源时，习惯于将所有具有一定规模的收集、整理和保存文献的行为称为图书馆活动，并将这些收集、整理和保存文献的机构统称为图书馆。这种界定在考察人类丰富的图书馆史时并无问题，但我们讨论的"图书馆资源公平利用"是一个现代社会的概念，因此，采用以往图书馆学的界定方法，无法深入讨论这一问题。尽管以往的图书馆学理论已经充分界定过图书馆的概念，但为了准确表述本书所论述的"图书馆资源公平利用"的命题，需要比普通图书馆史的称谓更为严格的定义。我们认为，图书馆是一个现代概念，只有同时具备两个条件，才能称之为现代意义上的图书馆。

（一）规模化地收集文献与科学地整理文献

一定规模的文献集合是人们判定图书馆产生的基础，缺乏文献数量的积累，不可能被称为图书馆。例如，我们不可能将一樽刻有大量文字的铜鼎称为图书馆，所以这一要求应该不成问题。从历史上看，被称为图书馆的机构一般也满足这一要求。考古发现，公元前 3000 年，两河流域古巴比伦王国的一座废墟附近，有大批泥板文献被集中保管。公元前 7 世纪，亚述巴尼拔国王在尼尼微建立了藏有 2.5 万块泥板文献的皇家图书馆，这些文献有清晰的整理记录。这些史料表明，在古亚述时代就已经有了规模化整理文献的活动与机构。考古发现，我国河南安阳的殷墟存在大量甲骨文献，这说明 3000 年前就存在大规模收藏保管文献的行为。至迟到汉代刘歆为皇家编《七略》，规模化收集、整理文献的活动和机构已经出现，但是仅有此条件并不能形成现代意义上的图书馆。例如，一堆无序堆放的文献，尽管也能被称为文献的集合，但不能被称为图书馆。更极端的例子，一堆废弃的即将化为纸浆的文献，尽管也是文献的集合，但绝对不是图书馆。图书馆收集的文献需要按照某种方法进行处理，使其成为一种有序的藏书集合。现代意义上的图书馆一般具有稳定的资金来源，以保证按照某种藏书发展目标有计划地收集各类文献。图书馆还根据某种科学的方法标引和著录文献，使它们能够以有序的、便于获取的状态积累和存贮。规模化地收集文献与科学地整理文献，是现代意义上的图书馆最基本的特征。

（二）制度化或程序化的文献服务

图书馆的文献必须被利用，阮冈纳赞的《图书馆学五定律》的第一定律就是"书是为了用的"。了解现代图书馆活动的人不会对这一命题提出疑问，但图书的"用"是一个非常宽泛的概念，面向全社会、无区别的图书借阅是图书馆文献的"用"，图书馆保管员或其主人偶尔翻阅自家图书也是"用"；允许用户自由借阅是"用"，不允许任何人借阅、努力保存文献以供"后世"利用也是"用"（纵向的利用）。因此，满足"文献必须被利用"这一条件并不难，但这与现代图书馆学对"利用"的理解是有差别的。有足够的史料证明，古代几乎所有规模化收集、整理的文献，都必然被不同程度地利用。不但文献主人自己利用，而且他人也可以利用。例如，皇家藏书只能被皇室成员或达官贵人利用，私人藏书可被亲朋好友利用。这种文献机构所提供的"服务"与现代图书馆服务的最大区别在于，它们属于一种相当随意的文献服务，文献的主人可随意决定服务的对象与方式。例如，私家藏书的主人可根据自己的喜好决定将藏书借给某些朋友。通过对图书馆的演变的细致考察，我们将制度化或程序化的文献服务当作现代意义上的图书馆的重要特征。中世纪后期，意大利对社会开放的美第奇－洛伦佐图书馆，尽管因为当时文献过于珍贵，管理者不得已将羊皮书用铁链拴住，但不能否认它已构成了现代意义上的图书馆。在我国，至迟到清朝乾隆下旨允许《四库全书》对知识分子开放，文献机构已经有了正式的文献利用的"规则"（皇帝令藏书对知识分子开放），即中国的图书馆已经形成。当然，更具现代意义的图书馆文献利用制度，是1850年英国议会通过的《公共图书馆法》。该法令规定城镇用公共资金建立和维护公共图书馆，公共图书馆对所有纳税人免费开放。这部法令的出现，意味着图书馆的文献服务已不受图书馆管理者的意愿左右，而是立法意志。只有具备了制度化或程序化的文献服务，一个文献机构才能成为现代意义上的图书馆。

二、图书馆的类型

现代意义上的图书馆出现之初，就形成了不同类型的图书馆。随着图书馆事业的发展，图书馆的类型还在不断分化之中。由于投资主体、收藏范围和服务对象的不同，现代图书馆分为多种类型。按照1972年国际标准化组织颁布的《信息文献　　　国际图书馆统计》[ISO 2789：1974（E）]，图书馆可分为国家图书馆、高校图书馆、其他主要非专业图书馆、中小学图书馆、专业图书馆和公共图书馆六种类型。其中：

国家图书馆是一个国家的中心图书馆，其地位一般是由法律或其他具有法律效力的行政文件规定的。国家图书馆本身可有不同类型，如公共图书馆性质的国家图书馆、议会图书馆性质的国家图书馆、专业图书馆性质的国家图书馆，等等。一些国家不止有一个国家图书馆。

高校图书馆是高校所属的必不可少的机构之一，为高校师生科研教学提供文献服务。既有为高校科研提供专门文献信息，类似于研究图书馆的服务，也有为高校教学，特别是大学生学习开展的借阅服务。

专业图书馆是为特定需求提供文献服务的机构。专业图书馆既有面向全社会提供专业文献信息的图书馆，也有主要为本部门特定研究任务提供文献信息的图书馆。出于为研究任务服务的需要，专业图书馆所收藏的文献内容专深，可对文献进行深加工，并能生产文献情报产品。

公共图书馆是由立法规定的面向公众开放的图书馆。大型公共图书馆也承担着城市或区域中心图书馆的功能，在为公众提供基本文献信息服务的同时，也承担着保存地方文献、支持本地研究与决策信息需求的功能。社区公共图书馆主要为当地居民提供文献借阅服务。

上述分类现在已无法涵盖类型多样的图书馆。2003 年，国际标准化组织修订并颁布了新的标准《信息与文献　　国际图书馆统计》[ISO 2789∶2003（E）]，其中列举的图书馆类型有：分支图书馆、中心图书馆／主要图书馆、馆外服务点、高等教育机构图书馆、移动图书馆、国家图书馆、公共图书馆、学校图书馆、专门图书馆、政府图书馆、健康服务图书馆、医学图书馆、工业和商业图书馆、媒体图书馆、地区图书馆、其他图书馆。

从图书馆资源公平利用的角度出发，可将现代图书馆的类型分为以下三种：

（1）公共图书馆。此处所说的公共图书馆，一般是由政府的法律文件所规定的承担公共文化服务的图书馆。公共图书馆一般具备四个特征：①政府或法律授权管理，即具有法定公共图书馆性质。②主要由公共财政或税收支持。公共图书馆的资金来源可以多元化，如吸收公益性捐赠，但其主体只能是公共资金。③无区别服务。公共图书馆对所有社会成员（有时被称为纳税人）实施一视同仁的服务，即使有区别服务，也是对弱势群体的优先服务。④免费服务。公共图书馆的基本服务是免费的，或只收取少量费用。某些具有中心性质的公共图书馆，可以对一些非基本服务收费，但面向社区的基本服务，如书刊资料的外借阅览，应该免费服务。由于各国国情不同，图书馆服务体制不同，上述四个特征在实践中会有不同程度的差别。

（2）准公共图书馆。准公共图书馆是指那些不具备公共图书馆的基本条件，但按公共图书馆的要求对社会公众服务的图书馆。准公共图书馆分为两种子类型。一种子类型是对社会公众开放的部门图书馆。例如，大学图书馆的主要服务对象是大学师生，但公立大学的主要资金来源是地方公共资金，有些地方政府或议会可以要求大学图书馆必须承担对社会公众开放的职能；还有些非公立大学、董事会或资金捐赠者出于各种考虑，也可能要求该校图书馆对公众开放。又如，议会图书馆应该是为议员服务的，但有些国家的议会图书馆免费为市民服务；中小学图书馆是为中小学师生服务的，但可能对社区的非本校少年儿童开放。这些图书馆本身不是公共图书馆，但它们对社会公众开放，那么就具有了公共图书馆的性质。另一种子类型是收费公共图书馆。这类图书馆的主要资金来源并非公共财政或公益性捐赠，因而提供的服务具有营利性。例如，20 世纪 90 年代，我国有些地方政府放弃了对图书馆的财政支持，由此，图书馆必须依靠创收生存，还有些图书馆本身就是私立收费图书馆。这些图书馆的服务项目、服务内容与面向大众的公共图书馆没有区别，但由于其实施经营性的收费服务，与公共图书馆有了本质区别。

（3）非公共图书馆。非公共图书馆主要分为两种子类型。一种子类型是面向社会部分用户服务的图书馆。例如，科技、经济领域的许多专业图书馆不属于某个部门，是面向全社会开放的。这类图书馆收藏的文献与提供的服务内容较为高深，是针对少数研究、开发、商务决策人员的，虽然它们面向全社会开放，即所有社会成员都可以通过办理某种手续成为图书馆的用户，但它们的服务对象却只可能是少数人。另一种子类型是部门所属的图书馆，如高校图书馆或研究院所下属图书馆。这些图书馆主要为本部门人员服务，不具备公共图书馆的性质。非公共图书馆的存在，对构建公平的社会图书馆服务体系是必要的。

第二节　图书馆要素与图书馆资源

一、图书馆要素

根据现代系统论的观点，图书馆是一个系统，这个系统由若干相互联系的要素组成。因此，认识图书馆的要素是认识图书馆系统的前提。早在系统论出现之前，图书馆学家就意识到了图书馆要素的意义，并探索了图书馆的组成要素。图书馆学理论界对于图书馆要素的认识，经历了一个由少到多、由笼统到具体的发展过程。

1927年，我国著名图书馆学家杜定友在《图书馆学概论》中提出了图书馆要素的思想。他指出："图书馆的设立有三大要素。一是要能够积极的保存。二是要有科学的方法，以处理之。三是要能够活用图书馆，以促进人民的智识和修养。图书馆要能够办到这三件事，方能称之为完善。"1932年，杜定友发表了《图书馆管理方法新观点》一文，将图书馆要素归纳为书、人、法。其中"书"这一要素指书刊资料，"人"这一要素为用户，而"法"这一要素包括图书馆建筑设备、工作方法和管理人员。我国著名的图书馆学家刘国钧教授早在1934年在他所著的《图书馆学要旨》一书中写道：图书馆成立的要素，若加以分析，可以说有四种：①图书；②人员；③设备；④方法。图书是原料；人员是整理和保存这些原料的；设备包括房屋在内，乃是储藏原料、人员、工作和使用图书的场所；而方法乃是图书所以能与人发生关系的媒介，是将图书、人员、设备打成一片的联络针。分别研究这四种要素，便成了各种专门学问。1957年他在《什么是图书馆学》一文中又一次提出："图书馆事业有五项组成要素：①图书；②读者；③领导和干部；④建筑与设备；⑤工作方法"。"图书馆学所研究的对象就是图书馆及其各个组成要素"。"这五项之中缺少任何一项就不能够有图书馆的存在"。刘国钧教授的图书馆学的"要素说"在我国图书馆界影响深远，他的"建筑与设备"是图书馆学中的一大"要素"，同样影响了我国的图书馆人和图书馆建筑师，被认为是经典之说。1988年，宓浩[①]对它们的称谓做了些变动。宓浩说道："作为一个完整的图书馆结构，它的基本构成是五大要素，即图书馆藏书、图书馆用户、图书馆馆员、图书馆工作方法和制度、图书馆建筑及其设备。"这五个要素的含义及其在图书馆服务中的关系如下。图书馆藏书是图书馆所收藏的文献的总称，它是通过选择、收集、整理、加工、典藏的各项环节，将社会上分散的文献按照用户需求精心组织起来，以供用户利用的有序稳定的文献资源结构体系。图书馆用户是"图书馆的服务对象。凡是利用和可能利用图书馆的社会成员，包括个人和团体，都应该是图书馆的用户范围。任何一个图书馆都必须有明确的用户对象并根据用户需求来组织图书馆活动。图书馆馆员是图书馆工作的主体，是用户文献利用的组织者。通过图书馆馆员的劳动将文献传递给用户，建立文献需求和文献利用的联系是图书馆活动的关键。图书馆工作方法和制度是图书馆活动得以顺利开展的依据。图书馆建筑及其设备是图书馆的物质条件和工作手段。图书馆活动必须依赖特定的空间区域、必备的物质设备和适宜的环境"。

　　在信息社会中，图书馆五要素不同程度地发生了变化，而变化最大的是"图书馆藏书"。"图书馆藏书"这一要素的内涵已经改变为"图书馆所管理的经过处理的知识与信息的总和"，外延则大大扩展，从以往的纸质文献扩展到了数字化文献。因为这一变化，继续采用"图书馆藏书"作为这一要素的名称已经不妥。我们在本书中采用"图书馆文献信息资源"或简称"图书馆文献资源"作为这一要素的名称。此外，"图书馆馆员"这一名称也存在问题。在国内，图书馆馆员是一个专业技术职称的名称。在国外，图书馆的工作人员通常

① 宓浩.图书馆学原理[M].上海：华东师范大学出版社，1895：52.

被分为专业人员（馆员）和非专业人员（职员）。因此，这一要素的名称宜改为"图书馆员工"。严格地说，现代图书馆还有第六要素－图书馆服务。服务是指为他人做事，并使他人获益的活动。"图书馆服务"是图书馆为用户获取知识与信息、享受图书馆活动提供帮助的统称。"图书馆服务"的主体是文献信息服务，包括为用户提供书刊资料的外借，为读者提供阅览、参考咨询、信息检索及因特网接入等方面的帮助。"图书馆服务"还包括非文献信息服务，如利用图书馆的场地、设备帮助用户学习，利用图书馆员工的智慧为用户解答问题，等等。"图书馆服务"衍生了图书馆产品。图书馆产品是图书馆业务活动中生产的社会产品，一般是对文献信息进行深加工的产物。图书馆产品具有比原有馆藏文献信息资源更高的价值，能为用户获取文献信息资源提供帮助。"图书馆服务"及其衍生的图书馆产品是考量图书馆社会价值与核心能力的重要依据，因此，与其他五个要素相比，现代图书馆更加看重"图书馆服务"这一要素。

二、图书馆资源

图书馆资源是本书研究的对象。资源原指社会生活、生产中可供使用的物资或能源，主要是土地、矿物、水、森林等自然物，且具有一定规模。在经济学中，资源是指用于生产能满足人类需要的商品的那些物品和劳务。资源是一切可被人类开发和利用的客观存在物。《辞海》中的解释是"资财的来源，一般指天然的财源"。联合国环境规划署对资源的定义是"所谓资源，特别是自然资源是指在一定时期、地点条件下能够产生经济价值，以提高人类当前和将来福利的自然因素和条件"。现在资源不仅指水、土地、森林、矿藏等自然资源，也包括人力资源、信息资源以及经过劳动创造的各种物质财富等社会资源。或者说，资源就是指自然界和人类社会中，一切可以用来创造物质财富和精神财富的具有一定数量规模的客观存在物。

图书馆资源是社会用以提供图书馆服务的物品的总称。图书馆资源必须被包含在图书馆要素中，但并非所有图书馆要素都有图书馆资源。前问陈述的六个图书馆要素中，图书馆服务是图书馆活动的目的，是社会对图书馆资源开发利用所得的产物；用户是服务的对象，或者说是使用图书馆产品与服务的客体。根据现代图书馆管理理论，用户是图书馆投资与管理政策制定的决定者，是衡量图书馆产品与服务，以及图书馆管理的依据，"图书馆读者"这一要素不应该被纳入图书馆产品与服务的支配范畴；图书馆工作方法和制度是图书馆管理者所制定的用以组织与支配图书馆资源的标准、规则和规章制度，它们是体现图书馆管理水平与管理理念的载体。图书馆工作方法和制度与图书馆活动的效率、目标紧密相关，如图书分类法决定了图书的排列，借阅制度决定了用户借阅图书的数量与时间，等等。因此，广义的图书馆资源是可以包括图书馆工作方法和制度的。但本书研究的是图书馆资源公平利用的政策取向与政策目标，或者说是图书馆如何通过建立、改变自己的服务政策，实现图书馆资源的公平利用。而上述图书馆工作方法和制度实际就是图书馆的服务政策

综上所述，图书馆六要素中，只有"图书馆文献信息资源""图书馆员工""图书馆建筑及其设备"这三个要素属于图书馆资源，"图书馆服务""图书馆用户"不属于图书馆资源，严格意义上的图书馆资源也不应该包括"图书馆工作方法和制度"。下面对三类图书馆资源在图书馆活动中的做用作一个简要的说明。

（1）图书馆文献信息资源。文献信息资源是图书馆活动的基础。图书馆的工作就是围绕文献信息资源展开的，收集、整理、保存和利用这些文献信息资源，贯穿了图书馆业务工作的全过程。文献信息的生产对大部分用户而言是无序进行的。出版社和编辑部即使会有目的地出版，对读者来说，要想及时获得不同出版者和不同时间的文献仍是一件十分困难的事。更何况，许多出版社和编辑部只是被动地等待着作者的稿件。也就是说，社会中生产的文献，一定要经过某种机构对它们进行收集、整理，才能变成用户可以利用的资源。图书馆活动的社会职能之一，就是通过有目的地收集和科学地组织，使记载人类知识与信息的各种出版物成为资源。

图书馆文献信息资源的类型有很多，随着信息技术的进步，资源的类型还在不断增加的过程中。目前，图书馆文献信息资源的类型有：纸质书刊资料、纸质特种文献等正式文献，书信手稿等非正式出版物，磁盘光盘出版物，自有数字化文献数据库，馆藏书目数据，可授权访问的数字资源（主要是图书馆购买的可远程访问或通过镜像站访问的各类数据库产品）。这些记载知识与信息的载体经过图书馆或数据库商的整理与加工，成为图书馆可以用于服务的文献信息资源。除此之外，部分因特网上可访问的数字资源也是图书馆文献信息资源。因特网资源若不经组织，并不符合"图书馆藏书"的内涵，但图书馆可以通过下载、转载、链接或聚合，使这些资源变得有序。因特网上经过图书馆处理的资源，也符合"图书馆文献信息资源"这一要素的内涵。除了上述直接供读者阅读的文献信息资源外，还有一类信息也是图书馆资源，那就是图书馆的

服务数据，如用户办理借书证时留下的用户信息，用户借阅文献产生的文献借阅记录，用户访问数据库产生的点击记录，等等。这些信息资源一般不直接用于用户服务，但它们能够帮助图书馆了解用户，了解图书馆服务状况，从而改善用户服务的效果。

（2）图书馆人力资源。一般认为，图书馆员工的努力，能够使"死"的资料变成活生生的图书馆服务。因此，在图书馆100多年发展史上，图书馆员工在图书馆中一直占据着极为重要的位置。早年图书馆员工的活动重点在于通过书刊的收集、整理和保存，实现馆藏文献的有序化。进入信息时代后，图书馆更加注重服务，图书馆员工的活动重点转向依托图书馆资源的服务。对于一个图书馆，具备优秀的图书馆管理者、出色的图书馆专业人员和辅助人员、良好的团队协作，能够在同样的投入、同样的硬件条件下，使其服务呈现完全不同的水准。在具体的用户服务中，具备优秀的图书馆员工，往往能够克服馆藏文献信息资源的不足和馆内服务场地的不足，通过文献传递或开放性网络资源满足用户的信息需求。因此，现代图书馆服务中图书馆员工的地位进一步突显。图书馆员工包括三类：一是图书馆管理人员。图书馆管理人员虽不直接从事图书馆业务活动，但他们能够决定图书馆的发展方向，制定图书馆发展战略，合理使用图书馆专业人员。图书馆管理人员一般是具有图书馆业务知识及图书馆管理知识的高级人才。他们对内熟悉图书馆业务，知道如何合理地分配资源，提高图书馆服务质量与效率，对外熟悉图书馆公关技能，知道如何改善图书馆公众形象，因而能够为图书馆获得更多的外部资源。二是图书馆专业人员。图书馆专业人员既是图书馆文献收集、整理、保存工作的主体，能够通过专门的业务活动，使图书馆所收藏的知识与信息具有信息服务能力，同时又是图书馆服务活动的主体。图书馆专业人员一般受过正规的图书馆学专业教育，或者具有图书馆学专业技术职称，他们对于图书馆的愿景、使命和核心价值有较为透彻的理解，忠于图书馆职业，他们的业务能力直接决定图书馆服务的优劣。三是图书馆辅助人员。现代图书馆是一个大系统，其运作需要大量资金和设备，因此，图书馆活动除了需要专业人员之外，还需要管理资金、设备的员工，如会计、出纳、设备管理人员，图书馆的计算机系统需要专门的计算机管理人员。此外，图书馆还需要保安、清洁工、司机等勤杂人员。上述所有人员构成图书馆人力资源。

（3）图书馆建筑与设备资源。图书馆服务一般需要固定的场所，这就是图书馆建筑。图书馆建筑的地理位置往往在交通便捷之处，如城市公共图书馆往往在中心城区,大学图书馆往往在大学的中心,它们是体现图书馆存在的重要标志。现代图书馆建筑按其用途可分为以下主要部分:用于用户服务的书刊外借阅览场所和参考咨询场所,用于收藏保管文献信息资源的存贮场所,用于用户娱乐休闲的公共活动和辅助服务场所,用于文献信息处理的业务活动场所,用于图书馆管理的行政活动场所,用于图书馆计算机系统管理和水电设备管理的技术设备运行场所,用于图书馆建筑管理、员工服务的后勤场所等。图书馆建筑的建造花费巨大,图书馆建筑本身是图书馆极为重要的资源。

图书馆设备包括电子计算机、网络设备和相关外围设备,视听及音像控制设备,文献数字化加工与复制设备,图书防盗设备,文献消毒设备,流动图书车,缩微制品摄制、冲洗及阅读设备,视障和老龄阅读设备,装裱及文献修复设备,自助借还设备,书架、阅览桌椅、目录柜、出纳柜台等家具设备以及其他设备。这些设备大多数直接用于图书馆的用户服务,是图书馆活动不可缺少的服务资源。

第三节　图书馆资源的开发与利用

一、图书馆资源开发与利用的内容

图书馆资源是一种社会资源,这种资源的存在是因为社会公众需要图书馆服务,因而社会管理者将大量公共资金投入到图书馆事业。此外,还有其他一些社会团体与个人,将公益性、慈善性资金投入到图书馆事业,因而形成了社会图书馆资源。

与所有自然资源和社会资源一样,图书馆资源只有经过适度的开发,才能服务于社会。同时,图书馆资源与信息资源等可再生社会资源一样,人们对其开发越早,开发强度越大,就越能从这一资源中获益。图书馆资源的开发与利用包括如下内容。

(一) 文献信息资源的开发与利用

图书馆资源的主体是文献信息资源,开发与利用文献信息资源是图书馆服务的主要任务。图书馆开发与利用的文献信息资源包括两类。

1.馆藏文献信息资源的开发与利用

信息是一种看不见摸不着的东西，它与传统的资源概念有较大差别。但在信息社会中，信息已经越来越具备资源的特征。也就是说，拥有丰富的科技、经济信息的国家或地区，能够像拥有丰富的石油、矿产等资源的国家或地区一样，成为富强、发达的国家或地区。因此，在信息社会中，人们不但将信息当作一种重要资源，而且将其与能源、材料并列，称为现代社会发展的三大支柱。图书馆通过长期有效的收集、整理和存贮活动，积累了丰富的文献信息载体，包括纸质文献和电子文献。这类文献信息载体中包含了用户学习、研究、参与社会管理及娱乐休闲所需的知识与信息，通过图书馆对它们的开发，这些文献信息载体中所包含的文献与信息就能够转换为用户便于接受的状态，随时为用户提供服务。图书馆开发文献信息资源的活动包括以下内容：

（1）文献信息收集。图书馆服务中所需的信息资源，需要通过各种信息收集方式获得。图书馆文献信息收集方式可分为购买方式和非购买方式。购买方式是主体方式。购买能力取决于图书馆获得资金的能力，为了收集能够支撑图书馆服务所必需的资源，图书馆需要努力向社会、个人或主管部门争取经费，以便持续地购买书刊资料、数据库及其他文献。此外，掌握更多的信息源和购买文献信息的技巧，能够有效提高购买的效率，增强资源的针对性，降低无效资金的支出，使得相同的经费可以购买到更多、更好的文献信息资源。除了购买之外，图书馆还应该关注以非购买方式收集文献信息。在因特网出现之前，征集、索取等非购买方式已经是图书馆收集文献信息的渠道之一。但是图书馆通过非购买方式收集文献信息的规模一般不大，收集到的信息在系统性与整体学术价值上不如购买的文献信息，但非购买方式仍不失为一种重要的信息收集方式。在网络时代，因特网上的免费资源数量剧增，非购买方式在信息收集活动中的地位大大上升。一旦图书馆能够熟练掌握从因特网上获取信息的有效方法，图书馆的文献信息资源收集水平将有一个大的提升。

（2）文献信息整理。一般而言，收集到的文献信息必须经过整理，才能成为图书馆服务所需要的资源。文献信息整理是图书馆最基础的工作，也是一项历史悠久的工作。图书馆在从事文献信息处理时，曾形成两个非常重要的专业研究领域：文献分类与文献编目。通过对收集到的文献进行分类，可按某种知识分类体系组织馆藏文献，形成一个有利于用户查找文献的体系。文献分类的知识体系，是由一部特定的"分类法"规定的。研究与编制文献分类法也成为文献信息整理工作的一部分。对于文献编目，则是对文献的外部特征，如书名、责任者、出版商和出版时间等进行描述（著录），以及对文献的内部特征，如主题、内容摘要等进行标引。直至现在，文献分类与文献编目仍是图书馆进行书刊文献信息整理的主要工作。编目需要一定的标准或规范，国际标准化组织的《国际标准书目著录》（ISBD）就明确规定了各类型文献的书目著录格式等。文献信息整理还包括将著录的信息按照某种格式输入计算机，输入计算机的书目信息是对文献进行计算机管理的基础，同时也大大方便了用户对特定文献进行查询，包括通过"联机公共目录检索系统"（OPAC）为读者提供远程查询、预约、续借等服务。对于非印刷型文献，图书馆可以通过建立数据库、索引、简易信息聚合（RSS）等方式进行整理。在图书馆 2.0 环境，图书馆甚至可以借助用户的智慧对信息进行整理。例如，可以通过用户为网络文献加"标签"（tag）的方式，为文献增加检索入口。

（3）文献信息存贮。从表面上看，存贮信息与开发、利用文献信息资源是矛盾的。的确，在藏书楼时代，藏书楼的主人为了更好地保存文献，制定了非常严格的文献存贮制度，限制文献的利用。但是现代图书馆的存贮是为了更好地利用文献。科学研究早已证明，成体系的信息资源往往比孤立的信息资源更能发挥作用。通过图书馆的存贮，原本分散、无序的文献信息被集合为一个有机的整体，原有文献信息的价值也被更加有效地发掘出来。信息存贮与信息整理往往是一个整体工作的不同阶段。对于印刷型书刊文献，文献分类过程中给予特定文献的分类号一般也是书刊排架号的一部分，编目的过程中往往要为文献添加馆藏信息，这实际上也就确定了文献的存贮地点。在对收集到的其他信息进行整理的过程中，图书馆馆员要对收集到的信息进行筛选，挑选出有价值的信息，去除无价值的信息，然后将数据存储到计算机中，并按一定的结构组织到数据库或数据仓库中。这一过程要按照特定要求进行信息查询或供给，并在一定层次上分配信息访问权限，保证信息的安全。

（4）文献信息分析。文献中所包括的信息，大部分是可以通过用户的常规阅读获得的。这些信息可称为文献的显性内容。如科技文献的作者为了使他人了解自己的思想，不但严格按照科学语言书写，而且还要增加摘要、关键词、参考文献与注释，使文献的内容能够为用户所理解。但是，在一些竞争性领域，信息生产者往往就是用户的"对手"，信息生产者为了使自己在竞争中处于有利位置，常常有意或无意地隐藏部分信息，使用户无法通过常规阅读了解他们所需要的信息。在这种情况下，决策者需要通过信息分析获取信息。信息分析是通过一套科学的方法，从一些看似没有价值的原始信息中找到、发现或发掘出有价值的信息，或者使一些很难理解、不容易利用的原始信息变成容易利用的信息。或者说，信息分析是发掘文献信息中隐性内容的过程。由于决策活动中对信息分析的需求有所不同，信息分析实际上包含两种类型：描述性分析与推断性分析。描述性分析不直接从原始信息中找出新的信息，而是通过对原始信息进行某些技术处理，如筛选、排序、归类、量化、分组，使原始信息变成对决策活动很有帮助的信息。推断性分析则包含一个发现新知识的过程，它通过某些方法从已有信息中推断与之相关的新信息，或者是通过某些方法从已有信息中发掘出隐藏其中的新信息。推断性分析是信息分析的高级形式，也是开发信息资源最重要的方式之一。

2.用户信息和流通信息的开发与利用

用户信息和流通信息是图书馆服务过程中产生的信息，如用户的个人信息、借阅信息、网站访问记录等。用户信息和流通信息属于图书馆专有，图书馆可以通过对用户信息和流通信息的处理与分析，改善图书馆服务，提高书刊利用效率，或进行更具有针对性的用户服务。例如，通过分析读者的借阅记录，可以了解用户的信息需求偏好，可改善图书馆文献信息资源建设的种类与结构，这种分析数据比进行用户调查所获取的数据更加真实地揭示了用户的需求，而且数据获取的成本也更加低廉。又如，同一用户借阅不同文献的统计数据，可能反映不同文献之间的某种内在联系，如果能够公布这些数据，就能够帮助其他用户从这种内在联系中获益。

现代图书馆学认为，用户信息属于用户隐私，图书馆有责任保护用户隐私，许多国家图书馆或图书馆组织的核心价值体系中，都有保护用户隐私的内容。图书馆保护用户隐私的核心是保护用户在图书馆的阅读记录不为他人所知，不能将用户个人信息与借阅信息用于商业用途和政治用途。但是，图书馆保护用户隐私的责任，并不意味着图书馆不可以或不需要开发这部分信息资源。图书馆需要保护的是用户的个人信息以及能够反映个人阅读行为的信息，而对这些信息进行统计整理后，属于用户隐私的内容一般就会完全消失。图书馆完全可以开发、利用用户信息和借阅信息以改善图书馆服务。用户信息和借阅信息是值得图书馆大力开发与利用的信息资源，但现代图书馆对这一资源的开发与利用远远落后于对馆藏文献信息资源的开发与利用。这是因为在手工操作环境下，图书馆所拥有的读者的个人信息与借阅信息数量不多，获取成本也非常高，很难通过整理让这些资源用于图书馆的管理与服务。图书馆普遍实行计算机管理后，用户借阅信息的获取与整理变得非常简单。但由于图书馆自动化集成系统（ILS）不够灵活，同时图书馆员工利用用户信息进行服务的意识不够，对这类资源的开发与利用总体上仍不够理想。近年来，图书馆 2.0 技术的发展使人们真正看到了利用用户信息改善图书馆服务的前景。在图书馆 2.0 环境下，一方面，许多图书馆自动化集成系统生产商引入了 Web2.0 技术升级系统，增加了通过利用读者的借阅信息改善服务的功能，许多轻量级的、开源的软件大量出现，也使利用读者借阅信息变得简便易行。另一方面，图书馆 2.0 作为一种理念，也冲击了图书馆人的观念，许多图书馆馆员自觉学习先进的 Web2.0 技术与理念，追求以用户为中心的、双向互动的人性化服务，因而对用户借阅信息的开发与利用程度大大提高。

（二）图书馆人力资源的开发与利用

图书馆是一个积聚了较多优秀人才的地方，或者说是人力资源较为丰富的地方。图书馆人力资源的开发就是把图书馆人的智慧、知识、经验、技能、创造性、积极性当作一种资源加以发掘、培养、发展和利用。上海图书馆馆长吴建中曾经引用美国图书馆界的一种说法，即"在图书馆服务所发挥的作用中，图书馆的建筑物占 5%，信息资料占 20%，而图书馆员工占 75%。一个新的设施可以给人以一时的新鲜感，但是要使之常新，就需要有一种永久的吸引力，那就是高质量的管理和服务"。可见图书馆人力资源开发对图书馆服务的价值。图书馆人力资源开发的主要内容有：

1. 坚持向图书馆员工传授正确的意识与理念

图书馆是一个开放的空间，服务环境十分复杂，图书馆员工每时每刻都可能遇到新的服务问题。如果具有正确的意识与理念，他们就能够正确地处理这类问题。这在过去的图书馆服务中一再被证明。当代图书馆事业信息环境的不断发展，冲击着图书馆的服务理念与服务模式。变化的环境往往带来许多全新的问题，这些问题在图书馆员工以往的知识或经验中可能无法找到答案，面对这些问题，图书馆员工只能依靠基于图书馆核心价值的正确意识与理念，与时俱进地应对。在图书馆事业以往的发展中，图书馆员工有时难以做到这点。例如，当电子书一类的阅读对象出现时，有些图书馆员工曾经站到读者对立面，批评这类阅读是"浅阅读"，甚至以电子文献没有"书香"为理由批评电子书。其实站到图书馆学的立场看，阅读是吸收知识与信息的过程，载体只是工具。用户喜欢的载体就是好的载体，应该受到图书馆员工的欢迎。何况移动阅读更适合工薪阶层，它使其利用碎片时间进行阅读，电子书价格低廉也是受经济收入低下人群欢迎的理由。只要持有图书馆学的基本理念，站到弱势群体阅读的立场，图书馆员工就会对这类阅读持一种欢迎的态度。

2. 努力培养图书馆员工的竞争意识

尽管以往图书馆中优秀人才众多，但由于工作环境相对封闭，节奏缓慢，业务工作相对轻松，在封闭、保守的工作环境中，许多原本优秀的图书馆人才会逐渐磨灭掉他们的进取精神，缺乏竞争机制。对于图书馆管理者，由于图书馆缺乏与外界的竞争，管理者很少考虑人力资源开发的问题，图书馆的人力资源基本处于放任自流的状态，得不到有效的开发与利用。在信息时代，一方面，图书馆逐渐失去了它们在社会中最重要的公共信息获取中心的位置，新兴的商业化信息服务和其他类型的公共信息服务正在借助先进的信息技术迅速发展，使图书馆的服务日益边缘化，图书馆需要与其他类型的信息服务机构进行竞争。另一方面，图书馆服务摆脱了以纸质文献借阅为主的服务方式，自身服务形式日益多样化，如通过网络进行的远程数字化文献服务，或在信息共同体中的面对面服务。人力资源开发理论产生于企业管理，企业人力资源管理一般不强调对员工竞争意识的培养，因为企业活动本身就是一个完全竞争的环境。而图书馆人力资源的开发，首先是要培养图书馆员工的竞争意识，使图书馆员工从以往那种封闭、保守的工作环境中形成的不思进取的心态中解放出来，同时在图书馆内部创造鼓励竞争的氛围，创造使勇于竞争者能够脱颖而出的环境。

3. 合理配置人力资源

图书馆人力资源管理需要合理配置人力资源。人力资源配置首先要调整图书馆管理人员、专业人员和辅助人员的比例，只有这样才能有效调动员工的工作积极性和创造性，提高工作效率，做到人尽其才。人力资源配置在人力资源管理理论中已经得到较多的关注。现代图书馆的发展还需要图书馆管理者关注另一类人力资源配置问题，这就是第一线员工和第二线员工的配置问题。根据图书馆的业务活动内容，可将图书馆员工分为从事用户服务工作的第一线员工和从事文献收集、整理和存贮工作的第二线员工。现代图书馆的发展趋势之一就是图书馆的工作重心向用户服务转移。吴建中 [1] 在 1998 年已将"业务重心从第二线向第一线转移"当作 21 世纪图书馆发展趋势之一，他说："随着高新技术在图书馆的广泛应用以及信息处理社会化程度的不断提高，图书馆内从事

---

[1]　吴建中 . 21 世纪图书馆新论 [M]. 上海：上海科学技术文献出版社，1998：35.

加工与处理的人员将逐渐减少。目前，国外不少中小型图书馆已经撤销分编部门，其信息加工与处理的业务主要依赖大型图书馆或集中编目机构来完成，馆内只需少数人员从事部分资料的加工处理业务。过去，图书馆内中高级专业人员主要集中在采编部门，现在我们已经看到这样一种趋势，即大量业务骨干正从繁琐的事务性劳动中解放出来，走向用户服务第一线。这一结构性大变动，为图书馆业务重心的转移创造了良好的环境，今后的工作将更加致力于第一线的用户服务。"现在，图书馆优秀员工向"第一线"转移的趋势越来越明显，在图书馆人力资源的开发过程中，更加注重第一线员工的配置，创造条件使优秀员工向第一线转移，已经成为图书馆人力资源开发与利用的重要任务。

4.培养图书馆员工的业务能力

在信息技术迅速发展的今天，图书馆自身的业务活动发生了很大的变化，新的图书馆业务模式更加注重管理和服务，而淡化对资源的依赖。这种变化对图书馆员工的知识结构与能力产生了很大的影响。以往的图书馆学教育比较注重培养图书馆员工的文献收集和整理能力，图书馆员工也以熟练掌握分类编目技能为荣。而现在，联机编目和编目外包的发展淡化了多数图书馆对文献整理员工的数量与能力的需求，除少数仍然承担联机编目任务的中心馆或主要成员馆还保持着对分类编目员工的需求外，分类编目工作在很多图书馆已经不再是业务能力的核心了。新的图书馆服务对图书馆员工的知识结构和业务能力提出了新的要求。例如，由于图书馆服务越来越多地依赖因特网资源，因此，图书馆员工需要保持很好的学习能力，能够对迅速发展的因特网技术和资源保持了解，能够采用新的技术改进图书馆服务，并有能力对用户进行辅导。图书馆人力资源的开发与利用，需要通过培训和各种实践，使图书馆员工的能力能够有较大的提高，并适应新的图书馆服务模式。

二、图书馆资源开发与利用的基本原则

开发图书馆资源是图书馆员工通过图书馆服务，使图书馆资源能够最大程度服务于社会。图书馆资源属于公共资源，理论上，每一位社会成员都具有平等享用这些资源的权利。因此，在我们设计图书馆资源进行开发与利用时，必须遵循下面的基本原则。

1.维护用户权利的原则

社会以公共资源提供图书馆服务，其目的在于保障公民文化权利或阅读权利。1948年，《世界人权宣言》发布以后，图书馆人逐渐认识到图书馆服务和

用户权利的关系。图书馆人意识到，图书馆服务并非图书馆人对用户的恩赐，而是用户应有的权利。或者说，现代图书馆的出现是社会管理者为实现和保障公民文化权利而做出的制度安排。因此，图书馆的服务不能以管理者对图书馆管理的需要为出发点，而必须以维护公民文化权利为出发点。1948 年，美国图书馆协会修订的《图书馆权利宣言》，第一次以图书馆组织的正式文件的形式宣布："一个人利用图书馆的权利，不得因其出身、年龄、背景或所持观点而被拒绝或削减。"近年来，国际图书馆界对这一理念的认识更加清楚，国际图联继 2002 年发布一系列宣言后（详见第五章），2005 年又发布了《图书馆亚历山大宣言：信息社会的作用》，支持联合国"信息社会世界峰会"（WSIS），该宣言声称："IFLA 和图书情报机构分享 2003 年 12 月日内瓦 WSIS 提出的信息社会共同愿景。这种愿景促进一个包容性社会，基于基本人权，能够不受限制地获取和表达信息，每一个都能够建立、获取、利用和分享信息与知识，它们有助于维护民主价值观和普遍公民权利。"上述文件的内容表达了图书馆人对用户权利问题的认识，维护用户权利也成了图书馆服务的一个基本原则。

2. 平等服务的原则

与"用户权利"密切相关的一个图书馆服务原则是"平等服务"或者"无区别服务"。当图书馆对全社会开放时，应该使全体社会成员能够平等地享有图书馆服务。只有遵循平等服务的原则，才能保障公民文化权利或阅读权利。《公共图书馆宣言》将这一理念表述为："公共图书馆应不分年龄、种族、性别、宗教、国籍、语言或社会地位，向所有的人提供平等的服务。"《公共图书馆宣言》的表述成为平等服务最经典的表述。《图书馆和信息服务机构及信息自由的格拉斯哥宣言》《图书馆及其可持续发展的声明》和《IFLA 因特网宣言》将上述理念从公共图书馆扩展到所有图书馆。当然，对全体社会成员平等服务的原则是对社会的图书馆系统而言的，单个的图书馆平等服务于所有用户是不现实的。

3. 弱势群体人文关怀的原则

近代图书馆出现的重要原因之一是对弱势群体的人文关怀。任何一个社会中都存在相当数量的人群，他们因为自身经济、文化或身体条件的限制，无法正常享受丰富的信息资源。解决这些人群获取知识和信息的困难，成为现代图书馆的重要任务。因此，《公共图书馆宣言》明确指出："必须向由于各种原因不能正常利用服务和资料的人，如残疾人或住院病人及在押犯人等提供特殊的服务和资料。"《IFLA 2006—2009 年战略计划》的愿景和核心价值中也都提到了这一原则，愿景中说："IFLA 也非常重视促进信息获取内容的多语种、文化多样性，以及满足原著居民、少数民族和残疾人的特殊需求。"对弱势人群人文关怀的服务原则，在进入信息社会后有了新的意义。看似公平的网络信息服务并不能自动实现信息公平，反而可能造成社会的"数字鸿沟"，使不同群体间的信息差距扩大。为此，国际图联推出《IFLA 因特网宣言》，"鼓励各国政府支持公众通过图书馆和信息服务机构无条件地获得因特网信息"，为达到这一目的，该宣言特别指出，"同其他基本服务一样，在图书馆和信息服务机构获取因特网信息应该是免费的"。《图书馆及其可持续发展的声明》宣称："图书馆和信息服务机构有助于解决由于信息差距和数字鸿沟而造成的信息占有的不平等。通过图书馆和信息服务机构的服务网络，研究和创新的信息都可被用户利用，以促进可持续发展和世界人民的福利事业。"

4.专业化服务的原则

在众多的服务行业中，图书馆服务的专业性是其他行业不可比的。图书馆提供的是知识与信息的服务，这种服务的前提是专业化的图书馆员工对分散的知识与信息进行有效的收集、整理、存贮和利用。1949 年，《公共图书馆宣言》就将"训练有素、学识丰富、充满想象力的工作人员"作为公共图书馆服务的重要条件，明确了专业人员对图书馆服务的重要性。1994 年的修订版则更加明确地宣称"公共图书馆必须管理有效，具有专业水平"。国际图联还在《IFLA 2006—2009 年战略计划》中将"促进提供和传递高标准的图书馆和信息服务"作为自己的使命，并将"专业支柱"作为自己的三大支柱之一："专业支柱作为全球图书馆和信息服务机构及专业的喉舌，IFLA 一直致力于提高图书馆和信息服务工作方法、技术、标准，增加业内同行对本领域新理论、新动向和成功实践案例的了解。"在国际上，图书馆员工对自己的专业立场有十分坚定而清醒的认识。美国图书馆协会甚至建立了严格的行业准入制度，规定只有在该协会认可的图书馆学院获取硕士以上学历，才能成为图书馆专业人员。专业化的原则也是图书馆服务的绩效要求。一般而言，社会对图书馆资源的投入是相当大的。图书馆的专业化服务既能降低图书馆服务对资金的需求，减少社会对图书馆资源的供养成本，同时又能保证图书馆资源的有效利用，增强图书馆资源服务于社会成员的能力。

第二章　公共图书馆资源建设标准与服务标准

第一节　建立图书馆资源建设标准与服务标准的必要性及其影响

一、建立标准的必要性

（一）标准的定义

我国国家标准 GB/T 20000.1—2002《标准化工作指南 第 1 部分：标准化和相关活动的通用词汇》中有关标准的定义是：标准是指在一定的范围内获得最佳秩序，经协商一致制定并由公认机构批准，共同使用的和重复使用的一种规范性文件。标准宜以科学、技术的综合成果为基础，以促进最佳的共同效益为目的。

（二）建立标准的必要性

当前，公共图书馆的信息资源不仅包括纸质文献资源，还包括多种载体形式的数字信息资源构成图书馆的虚拟馆藏以及图书馆自建的特色数据库。这些不同的载体形式、不同类型的信息资源未能形成较为一致的建设标准，不利于图书馆界的交流与合作，成为图书馆信息资源共享的短板。因此，建立公共图书馆资源建设标准与服务标准是十分必要的。我们可以从两个角度分析建立公共行图书馆资源建设标准与服务标准的必要性。

1.政府主管部门角度

公共图书馆是由政府兴办的、向全体社会成员开放的公益性组织，它本质上是政府向社会成员提供的文化、教育的公共空间。政府是其主要责任主体，承担着公共图书馆的建设、维护和管理责任，并通过公共图书馆保障社会中每一个公民获得自由获取知识与信息的权利。从宏观层面看，国家或地方政府通过制定公共图书馆资源建设标准与服务标准并监督实施，可以管理与调控全国或当地公共图书馆事业的平衡发展，为公共图书馆信息资源实现共享提供决策依据，基本保障全国或地方公民的文化权利。

2.图书馆自身角度

图书馆的馆藏文献资源和数字信息资源是图书馆提供服务的重要物质基础。在信息高度发达的现代社会，任何图书馆都不可能全面收集各类信息资源，只有通过各个图书馆的分工协作、合作共建相对完备的信息资源收藏体系，才能实现信息共享，最大限度地满足整个社会的信息需求。所以，从图书馆自身角度看，良好的馆藏信息资源是图书馆提供优质服务的必要条件，执行相关公共图书馆资源建设与标准服务标准，可以有效地保障图书馆馆藏文献体系的合理性，保障基本信息服务和其他服务的质量，满足用户的基本信息需求。

二、信息化对公共图书馆资源建设的影响

早在 2009 年年底，我国共有县级以上独立建制的公共图书馆就达到 2 850 家，仍有 12 个地（市）级政府、368 个县（市）政府尚未设置同级公共图书馆。就文献资源分布情况而言，主要集中于大城市的省（市）级图书馆，2009 年 37 个省级公共图书馆的馆藏文献量就占全国公共图书馆馆藏总量的 28.5％。在中西部地区，仍有相当数量的图书馆馆藏陈旧过时，几年甚至十几年没有买书或者很少买书的县级公共图书馆不在少数，公共图书馆发展不平衡。制定公共图书馆资源建设与服务标准的主要目标就是为了保证各地区公共图书馆事业的平衡发展，实现信息资源共享，为满足公众的信息需求提供基本保障条件。

制定信息资源建设与服务标准的背景主要有两个：（1）考虑到国家的地域辽阔和经济发展水平的不平衡性。（2）考虑到随着信息技术的广泛应用，公共图书馆所处的社会信息环境已经发生了巨大的变化。公共图书馆在社会大环境中运行和发展就必然会受到社会环境的影响和制约。进入信息技术时代以后，图书馆馆藏文献信息资源的质量和用户服务的深度就成为决定图书馆命运的力量。信息变化带给公共图书馆资源建设与服务的直接影响有以下几方面。①

① 程焕文，潘燕桃，信息资源共享［M］.北京：高等教育出版社，2004:87-88.

（一）馆藏信息资源的结构发生变化

传统馆藏信息资源是以图书、报刊等纸质文献为主，同时收藏视听资料。随着现代社会网络数字信息资源的不断增多，在对现实馆藏的文献资源建设中，除了继续保持图书、报刊等纸质文献重点收藏，更是形成了注重特色化的馆藏体系，对虚拟馆藏的收集也更为重视（如各种视听资料的收藏、数字信息资源的收藏），更加注重数字信息资源的目的性、实用性和协调性。

（二）图书馆信息资源的获取方式发生变化

随着电子商务的发展，网上售书活动日益频繁，电子邮件和论坛成为图书馆采访人员获得文献信息的重要手段和渠道，缩短了文献信息资源采购的时间，也提高了采访的效率。图书馆传统的获取信息资源的方式主要是购买、交换、捐赠等途径，可以拥有文献的永久所有权和使用权。然而，图书馆通过网络获取的信息，拥有的是信息资源的网络使用权。现代社会，馆藏实体信息资源和网络虚拟信息资源同样重要，所以公共图书馆将越来越重视搜集网络免费数字资源，利用文化共享工程所提供的网络资源，通过图书馆联盟建立虚拟馆藏信息资源。通过多种努力获取更多的信息资源使用权，使图书馆的信息资源得到进一步延伸。

（三）用户的信息需求也发生了变化

用户的信息需求是信息资源建设的依据。由于知识和信息成为社会发展的驱动力，社会对知识信息的关注程度将大幅提高，人们的信息需求量也必将增加[1]。用户信息需求的内容更加丰富多彩，用户对于信息资源的时效性、内容的准确性都有了更高的要求，信息资源利用的目的更加多元化、多领域和个性化。用户的信息需求由原来单一的文献信息向多种载体的文献信息资源转变，获取信息的渠道也不局限于图书馆，网络、数据库都成为重要的信息源。

（四）图书馆开展信息服务的手段和方法多样化

随着信息技术和数字化技术的发展，公共图书馆将成为高度发达的信息集散地，信息技术的应用使图书馆工作变得更加便利和高效。Web2.0、地理信

---

①　肖希明，信息资源建设［M］．武汉：武汉大学出版社，2008:74-76.

息系统、云计算、3G 技术等一系列新技术的发展都将成为图书馆信息化建设中不可缺少的方式和手段。当图书馆被网络化、数字化技术武装起来后，许多图书馆开始采取更为开放和主动的方式来应对信息环境的变化，对传统图书情报服务进行了有力的扩展，如图书馆目录的网络检索、数字资源建设、数字参考咨询等。越来越多的图书馆开始努力在传统图书馆服务之外拓展新的信息服务内容和形式，信息服务逐渐向以用户为中心服务模式演变，如流动图书馆服务、上门服务、移动信息服务等。人们正在走向全面的数字信息环境，图书馆将只是用户信息环境中一个有限的部分和用户信息过程中的一个环节，我们需要改变观念，从以图书馆为本转变到以用户为本，把图书馆建在用户桌面。可以预见，随着社会信息技术的不断发展，公共图书馆的服务方式和手段也必将日趋多样化，因为服务始终是图书馆存在的根本。

第二节　公共图书馆资源建设标准与服务标准的类型

涉及公共图书馆资源建设与服务的标准或规范性文件种类比较多，其内容不仅涉及公共图书馆信息资源建设与服务，而且涉及公共图书馆其他资源（如图书馆经费、人员、设备、建筑及用户等）。

一、《公共图书馆法》的立法过程

关于《公共图书馆法》的立法研究可追溯至 1990 年文化部主持的《公共图书馆条例》的起草工作。2001 年年初，文化部正式启动图书馆法的立法工作。2004 年 6 月，国务院法制办召开了"图书馆法专家座谈会"。2008 年 11 月 18 日，文化部在北京召开《公共图书馆法》立法工作会议，会议明确了根据全国人大常委会立法规划的图书馆法从制定《公共图书馆法》做起，这标志着从 2001年启动的图书馆立法工作开始步入《公共图书馆法》的具体立法进程。

2009 年，由中国图书馆学会和国家图书馆牵头，对《公共图书馆法》涉及的基本问题和重要制度展开支撑研究。在中国图书馆学会召开的 2009 年新年峰会上形成了 11 个支撑研究课题组：（1）国内外立法资料收集与分析。（2）立法背景与必要性、可行性研究。（3）公共图书馆的性质与功能研究。（4）公共图书馆的设置与体系建设研究。（5）公共图书馆管理体制研究。（6）公共图书馆绩效评估研究。（7）公共图书馆人、财、物保障及呈缴本制度研究。（8）著作权保护法在图书馆的适用性研究。（9）公共图书馆文献资源建设法律保障研究。（10）用户权益与图书馆服务研究。（11）公共图书馆与数字图书馆－数字环境下公共图书馆事业的发展研究等。在这一系列支撑 3 研究的基础上先后形成了 2009 年 11 月《公共图书馆法》的"讨论稿"和 2010 年 3 月的"征求意见稿"。

2011 年 3 月，十一届全国人大四次会议中与会代表提出议案，建议制定图书馆法。十一届全国人大常委会立法规划中，将图书馆法列为"研究起草、条件成熟时安排审议"的项目。2012 年 4 月，文化部《公共图书馆法》调研团访问法国，了解法国在公共图书馆方面的立法、执法情况及相关经验，以对正在修订中的中国《公共图书馆法》有所促进和借鉴。2015 年 12 月，国务院法制办正式公布《中华人民共和国公共图书馆法（征求意见稿）》，在全国公开征求意见。就在国务院法制办公布"征求意见稿"的第二天，文化部就在北京召开了《中华人民共和国公共图书馆法（征求意见稿）》的专题研讨会，与会专家和业界代表对"征求意见稿"给予了高度评价，并建议加快立法程序促进法律早日出台。2017 年 11 月 4 日，十二届全国人大常委会三十次会议上高票通过了《公共图书馆法》，自 2018 年 1 月 1 日起实施。

《公共图书馆法》是建党之后的第一部文化立法，具有里程碑意义，它彰显了中国特色社会主义文化中公共图书馆事业的重要地位，体现了公共图书馆在新时代对满足人民日益增长的美好生活需求的重要作用，也成为我国历经百余年的公共图书馆事业跨入新时代的标志。

二、国家相关标准化机构颁布的专业标准

《公共图书馆建设标准》《公共图书馆建设用地指标》《公共图书馆服务规范》的施行标志着我国公共图书馆建设开始步入规范化、法制化的轨道，作为政府规范性文件，它们将为我国公共图书馆的建设提供决策标准、行为依据和监督检查尺度。

（一）《公共图书馆建设标准》建标〔2008〕150 号

《公共图书馆建设标准》由文化部主持编写，经住房和城乡建设部、国家发展和改革委员会批准发布，自 2008 年 11 月 1 日起实施。内容包括：第一章，总则；第二章，规模分级、项目构成与选址；第三章，总建筑面积与分项面

积；第四章，总体布局与建设要求；第五章，建筑设备。同时，还包括《附录公共图书馆用房项目设置表》和《本建设标准和说明》。《公共图书馆建设标准》确立了以服务人口为主要依据确定公共图书馆的建设规模，根据公共图书馆普遍服务的原则以及我国城乡人口变迁的现实，不再采用"户籍人口"，而是采用"常住人口"（户籍人口＋居住半年以上的流动人口）作为服务人口的计算方法。根据公共图书馆建筑的使用周期，规定服务人口是指规划人口，而不是现实人口。还明确提出了未来5～10年公共图书馆的一些具体基础指标，如根据国家的文化发展规划，考虑到不同地区公共图书馆藏书总量的现状及未来发展，确定人均拥有公共图书馆藏书指标为0.6～1.5册。

《公共图书馆建设标准》主要解决的问题有三个：（1）确立了决定公共图书馆建设规模的原则，即以服务人口为基本依据，兼顾服务功能、文献资源的数量和品种，以及当地经济发展水平。（2）形成了比较系统的反映我国公共图书馆事业发展现实水平和略具前瞻性的指标体系，分别是公共图书馆建设规模分级指标，公共图书馆的设置、布局和用地指标，公共图书馆建筑面积和藏书量、阅览座位数量指标。（3）明确了公共图书馆的功能用房类比和面积比例，提出了公共图书馆用房项目设置的指导性意见。

（二）《公共图书馆建设用地指标》建标〔2008〕74号

《公共图书馆建设用地指标》由文化部主持编写，经住房和城乡建设部、国土资源部、文化部批准发布，自2008年6月1日起施行。内容包括：第一章，总则；第二章，节约和合理用地的基本规定；第三章，基本术语；第四章，建设用地指标。其中，第四章包括分类与用地构成设置与选址原则、建筑用地控制指标三个小节。

《公共图书馆建设用地指标》主要解决的问题也有三个：（1）提出以服务人口为基本依据，着眼于形成服务网络的公共图书馆设置原则。（2）引入"服务半径"的概念，确立了公共图书馆的布局原则。（3）细化了公共图书馆的选址原则，在交通便利的基础上强调了"公交发达"，在环境较好的基础上强调了"相对安静"。

虽然《公共图书馆建设标准》和《公共图书馆建设用地指标》没有纳入国家标准化范畴，不是强制执行的技术或质量标准，而是属于政府规范性文件，效力级别为政府部门规章，但是它们是我国首次制定的关于公共图书馆设施建设的全国统一规范，为各级政府规划当地的公共图书馆建设布局、审批有关工程项目、确定用地和投资规模等提供了基本依据，也必将提高各级政府对公共图书馆建设的重视程度，进而推进公共图书馆服务体系的建设、完善和发展。

（三）《公共图书馆服务规范》GB/T 28220-2011

《公共图书馆服务规范》是由国家质量监督检验检疫总局、国家标准化管理委员会批准发布的我国第一个规范公共文化的国家级服务标准，也是我国图书馆规范体系中的首个服务类标准。这一标准的制定是从 2008 年 1 月正式启动的，2010 年 5 月经过全国图书馆标准化技术委员会投票通过，报送文化部、国家质量监督检验检疫总局、国家标准化管理委员会批准，于 2012 年 5 月 1 日起正式实施。它主要体现了六大服务理念，即免费理念、均等理念、人本理念、便捷理念、率先理念和创新理念。内容包括范围、规范性引用文件、术语和定义、总则、服务资源、服务效能、服务宣传、服务监督与反馈八个部分，对公共图书馆服务的各个方面进行了全面而具体的规定。适用于县（市）级以上公共图书馆，街道、乡镇级公共图书馆以及社区、乡村和社会力量办的各类公共图书馆基层服务点可参照执行。

《公共图书馆服务规范》的编制主要有三个特点：（1）参照了国家社会科学基金重点项目《国际大都市图书馆指标体系研究》的研究成果，创设了

"一则四服务"的框架，即总则、服务资源、服务效能、服务宣传、服务监督与反馈。（2）以省地县作为主线，加入服务规模和服务人口的要素，体现了中国公共图书馆的特色。（3）注重三大约束维度，即对各级政府提出了履职和统筹规划的要求，对图书馆管理者和服务人员提出了管理和考核要求，对用户和社会提出了监督和共建要求。

《公共图书馆服务规范》的出台具有重大意义，主要体现在四个"新"上，具体内容如下：

（1）中国图书馆法制化进程的新成果。此前关于公共图书馆已有数个部门颁布标准，如《公共图书馆建设标准》《公共图书馆建设用地指标》《公共图书馆评估指标》。《公共图书馆服务规范》与先前颁布的数部标准相辅相成、呼应衔接，共同将我国公共图书馆的服务体系朝着更加科学、规范的方向推进。

（2）中国公共图书馆事业全面协调可持续发展的新保障。《公共图书馆服务规范》在人力资源保障、文献采访经费保障、硬件设施保障等条文中提出了既符合现实又适度超前的规范数据；对中国公共图书馆界的一些好的经验和做法，通过国家标准条文的形式进行了固化；对中国东中西部的地区差别和城乡

差别予以统筹关注；明确了公共图书馆的基本服务应当免费以及公益性、基本性、均等性和便利性的服务定位。这将对中国公共图书馆服务体系建设起到重要的推动作用。

（3）引领中国公共图书馆服务总体品质提升的新标杆。在服务资源方面，《公共图书馆服务规范》对各级公共图书馆计算机数量的配置、网络与带宽指标、图书馆员工人数与用户人数的配备比例等均做了较详尽的规定；在服务效能方面，对服务时间、总分馆服务和个性化服务等分别提出了要求；在服务效率方面，对文献到馆的加工整理时间、闭架文献获取时间、馆藏外借量等做了具体规定；在服务宣传方面，对公共图书馆的方位区域标识、无障碍标识、馆藏提示等分别提出了具体要求；在服务监督与反馈方面，提出公开监督电话、开设网上投诉等监督途径和方法，并将用户满意度调查作为一项年度常规性工作。这对公共图书馆的服务水平树起了一个新标杆，将成为全国公共图书馆界全面提升服务品质的良好契机。

（4）中国图书馆融入世界图书馆大家庭的新规范。《公共图书馆服务规范》的编制，以国际图联和联合国教科文组织制定的《公共图书馆服务发展指南》为重要参照，借鉴了英国、美国、澳大利亚等国已制定的图书馆服务标准和相关法规中的适合中国国情的理念与做法，使《公共图书馆服务规范》成为一部具有世界视野、中国特色、公共图书馆特点的图书馆服务新规范，体现出中国图书馆人的文化自信与文化自觉。

三、地方性公共图书馆法规与服务标准

（一）地方性公共图书馆法规

我国地方性公共图书馆法律规章制度建设始于 20 世纪 80 年代中期。国内部分省、自治区、直辖市和个别城市颁布和实施的地方性公共图书馆法规，是我国制定全国性公共图书馆法的重要参考。

（二）地方性公共图书馆服务标准

一些地方政府制定和颁布的地方性公共图书馆服务标准，如《江西省公共图书馆服务标准（试行）》（2009）、《北京市公共图书馆文明服务规范》（2009）、《上海市公共图书馆行业服务标准》（2009）、《新疆维吾尔自治区公共图书馆服务标准》（2010）、《安徽省公共图书馆服务标准（试行）》（2011）等。

（三）我国地方性公共图书馆法规比较

从总体上看，尽管地方性公共图书馆法律规章制度的内容不尽相同，但大多涉及公共图书馆事业发展的主要问题和基本制度。地方性法律规章制度的建设为公共图书馆法的制定提供了丰富的经验。在实施效果方面，有的地方性法律规章制度对公共图书馆事业发展的促进作用非常明显，有的地方性法律规章制度基本上处于形同虚设的境地。

著名学者陈福英[①]从体例结构、文献信息资源建设、工作人员等方面对《上海市公共图书馆管理办法》《深圳经济特区公共图书馆条例（试行）》《内蒙古自治区公共图书馆管理条例》《湖北省公共图书馆条例》《河南省公共图书馆管理办法》《北京市图书馆条例》《浙江省公共图书馆管理办法》《广西壮族自治区公共图书馆管理办法》进行了比较研究，分别就法律条文、关于图书馆面向特殊人群的服务、图书馆网络建设与资源共享、用户信息的管理和保护、知识产权保护、加强国际间协作等方面对八部地方性图书馆法规提出了完善建议。著名学者高波[②]对我国八部地方性图书馆法规（北京、上海、深圳、河南、广西、内蒙古、浙江和湖北）从内容和形式上进行比较研究，肯定了八部法规的三个亮点：用户为本、法制进步和资源共享，并提出了在图书馆经费、数字化资源、知识产权和职业资格认证制度四个方面的不足。

1. 文献信息资源建设方面

《上海市公共图书馆管理办法》《湖北省公共图书馆管理条例》《北京市图书馆条例》和《河南省公共图书馆条例》通过对入藏文献总量和年入藏量做出规定来保证文献信息收藏量的逐年增长。而《江西省公共图书馆服务标准（试行）》则独具特色地对人均藏书量做了规定，如大型公共图书馆，服务人口为150万～400万，人均藏书为0.8～0.9册（件）/人。另外，所有地方性图书馆法规都提出要形成自己的馆藏特色文献，但是相当多的地方性图书馆法规对其馆藏特色的描述是模糊的，只有深圳和广西的图书馆法规明确了其馆藏特色。

2. 公共图书馆服务方面

地方性图书馆法规中对公共图书馆服务的规定主要包括服务对象、服务时间、服务内容和服务方式。

---

① 陈福英. 中国地方性图书馆法规比较 [J].图书馆学研究，2006（9）：88-92.

② 高波，孙琼. 我国地方图书馆法规比较研究 [J].图书馆学刊，2006（4）：7-10.

在服务对象上，其范围相当广泛。例如，《深圳经济特区公共图书馆条例（试行）》规定：凡是能够遵守公共图书馆有关管理规定的人均可成为公共图书馆的用户。另外，立法特别照顾到了特殊群体，如《北京市图书馆条例》规定：图书馆应当为用户利用文献信息资源创造便利条件，为老年人、残疾人提供方便；《河南省公共图书馆管理办法》第十七条规定：公共图书馆优先照顾未成年人、老年人和残疾人；《湖北省公共图书馆条例》第六条规定：公共图书馆应当向老、弱、病、残的用户提供方便。立法对老、弱、病、残等特殊群体的关注充分体现了图书馆以人为本的服务理念。

在服务时间上，除少数文件约定按照国家规定保证开馆时间外，大部分文件是通过详细列举每周或每天的开放时间来具体规范图书馆的开馆时间。

在服务内容上，设定了图书馆封存文献信息资料的标准，排除了图书馆任意封存文献信息资料的可能，保护了图书馆用户自由、全面地获取信息的权利。例如，《北京市图书馆条例》规定：除国家规定禁止公开传播的文献信息资料外，图书馆不得另立标准，任意封存馆藏文献信息资料，对于善本、珍本和不宜外借的馆藏文献信息资料，可以本着保护的原则限制使用。

在服务方式上，公共图书馆最基本的服务方式是文献借阅，按不同的标准，文献借阅可分为馆内借阅、外借阅读（包括邮寄、电话预约等）、流动借阅、开架借阅、半开架借阅等多种服务方式。图书馆在提供借阅服务外，还可应用户要求提供深层的信息查询、专题（定题）服务等多种服务方式，扩大图书馆的业务范围。例如，《浙江省公共图书馆管理办法》规定：公共图书馆要拓展服务领域和服务功能，采取多种方式提高文献信息资源利用率，为当地经济社会发展和科学研究提供服务；《江西省公共图书馆服务标准（试行）》提出了应设立预约借书、电话（或网上）续借、汽车图书馆、流动图书站点或为有特殊困难的用户送书上门等便民措施。

第三节　公共图书馆信息资源建设标准

一、公共图书馆信息资源建设标准的基本指标

信息资源是公共图书馆开展信息服务的基础，公共图书馆作为人们寻求知

识的重要渠道之一，必须达到一定的馆藏标准和提供高质量图书馆服务，这样才能完成其公共服务的使命。公共图书馆信息资源建设不应受任何意识形态、政治或宗教制度的影响，也不应屈服于商业压力。公共图书馆制定和执行信息资源建设标准时，应定期对馆藏资源进行评估、替旧和更新，然后根据纸质图书、纸质期刊、音像资料及非纸质藏量分别计算。

公共图书馆信息资源建设标准有必要规定公共图书馆的最低人均藏书标准和每年新增藏书的最低标准，人均藏书量也是基本指标之一，常被用来衡量一个图书馆甚至一个地区或国家文献资源丰富程度的标准。作为可以量化考核的指标，公共图书馆信息资源建设标准主要有以下五个基本指标。

（1）公共图书馆总藏书量：纸质文献等物理收藏量，以册为单位。

（2）公共图书馆数字资源总量：以资源字节量为单位。

（3）人均占有藏书总量：以常住人口计算。

（4）人均年增加新书量：以常住人口计算。

（5）年入藏文献资料总量：纸质文献等物理收藏量以册为单位，数字资源总量以字节量为单位。

二、公共图书馆信息资源建设标准的确立原则

（一）符合实际，引导公共图书馆发展方向

公共图书馆信息资源建设标准要符合公共图书馆信息资源建设的实际状况，例如，要能科学地反映出新增加的网络数据资源，引导公共图书馆信息资源建设适应信息环境的变化。

（二）分类管理，分不同地区、不同级别制定标准

公共图书馆信息资源建设标准的确立原则要与当地用户需求和地区经济、文化与社会事业发展相适应，应当形成不同地区、不同级别公共图书馆的不同特色。《公共图书馆建设标准》中分别为大型图书馆、中型图书馆和小型图书馆制定了不同的公共图书馆信息资源建设标准。文化部组织的公共图书馆评估定级标准区分省级图书馆、地市级图书馆、县级图书馆、少儿图书馆，制定不同的图书馆资源建设评估标准。国家公共文化服务示范区（项目）创建标准则是针对我国西部、中部、东部不同的经济发展水平，提出不同的地区公共图书馆信息资源建设指标。

三、公共图书馆信息资源建设的基本标准

（一）图书馆信息资源收藏总量

国际图联对公共图书馆目标设定的最重要阐述就是"保存人类文化遗产"。信息资源是图书馆业务活动开展的生命线，是一切用户服务活动的基础。信息资源的数量，尤其是纸质藏书的数量，已成为决定图书馆空间大小的重要因素之一，没有信息资源，图书馆就没有存在的价值与基础。馆藏数量是图书馆开展服务工作的物质基础，是衡量图书馆事业发展状况的主要标志之一，是制定图书馆发展战略的重要依据之一。因此，公共图书馆信息资源建设的基本标准不仅要规划出当前馆藏，还要为未来 20 年增长的馆藏预留出空间，根据服务人口规划出不同规模、地区公共图书馆应该拥有的图书、期刊、视听资料、人均馆藏总量等情况。

从世界范围看，公共图书馆信息资源收藏总量的确定方法基本上都以人均拥有公共图书馆藏书数量指标来衡量。在 IFLA 的相关文件中，普遍使用人均 1.5～2 册图书的指标，新建的图书馆人均 1 册图书，3 年后，力争人均 2 册。人均馆藏的数量随人口增长而呈递增趋势，图书馆的人均馆藏和全部馆藏规模都要根据服务人口不低于"基本"级图书馆的规定而变化。但是，不论服务人口或城市人口多少，图书按单本计算，报纸按月合订本计算，期刊按合订本计算，音像制品（录音带、录像带、光盘）、微缩胶片、电子出版物按单件计算。馆藏总量并不是一个静态的数据，它会随着服务人口的变化而呈现动态变化的规律，当服务人口增加时，馆藏总量会增长，反之亦然。

（二）人均占有图书馆资源量

公共图书馆信息资源总量与服务人口之间的关系尤为密切。随着人数的增长，馆藏总量呈上升趋势，而人均馆藏呈下降趋势。各馆可根据服务人口的数量设置人均馆藏量，但要充分考虑我国地区间、城乡间的差异，对许多数据设定下限，以确保相对落后的地区能够实现公共图书馆服务的基本条件与环境。同时，相对发达的地区也能够不受下限的限制，有一个新的发展空间。

《公共图书馆建设标准》中对不同规模图书馆的馆藏总量和人均藏书量制定了控制指标，明确提出了未来 5～10 年公共图书馆人均与有公共图书馆藏书 0.6～1.5 册。而《公共图书馆服务规范》中对公共图书馆信息资源建设标准也有详细规定，如"馆藏印刷型文献以图书、报刊合订本的册数计。省级图

书馆、地级图书馆、县级图书馆的入藏总量分别应达到 135 万册、24 万册、4.5 万册以上，省、地、县级图书馆年人均新增藏量分别应达到 0.017 册、0.01、0.006 册以上。馆藏电子文献包括电子图书、电子报刊、视听资料等，以品种数计。省级图书馆、地级图书馆、县级图书馆的年入藏量分别应达到 9000 种、500 种、100 种以上"上述数据的要求都是不分地区与城乡的，"以上"就是下限。这些具体量化的指标为我国公共图书馆信息资源建设的规范化、标准化发展提供了有力保障。

（三）年度馆藏流通率

年度馆藏流通率是馆藏建设中的一个重要因素，分为年度每册馆藏流通率和年度人均馆藏流通率。年度每册馆藏流通率等于年度流通总量除以总馆藏数量；年度人均馆藏流通率等于年度总流通率除以所在区域内的人口数量。计算公共图书馆年度馆藏流通率时，应综合考虑到以上两个方面，在年度流通率方面保持最佳。

（四）替旧和更新率

可以公开借阅的馆藏被称为流通馆藏。一般把年平均增长量作为馆藏文献增长量的指标。根据文化部第四次公共图书馆评估《县市级图书馆评估标准》的"文献入藏"项目中，图书年入藏量 3 500 种以上、报刊年入藏量 400 种以上，就可得该项目的最高分。馆藏文献增长量过低，造成馆藏文献贫乏，知识断层，用户利用文献受到限制；馆藏文献增长量过高，造成大量无用文献进入图书馆，文献利用率下降。英国的公共图书馆服务标准中规定，图书馆可根据其自身发展及资金支持状况，对已有馆藏进行替旧和更新，保证具备足够的馆藏来满足用户的需求。计数时，将馆藏的多个副本计算在内，包含影音资料，但是不包含不外借的副本和参考资料。流通馆藏和影音资料的替换率，可用"被转换成馆藏全被更新的替换年限"来表示。替旧数量在馆藏总量的 3%～6% 为最佳；另外，更新年限不是一个恒定不变的数据，在财政支持的基础上，会随馆藏数量的变化而变化，当馆藏数量增加时，替旧率将会随之增长，当馆藏数量减少时，替旧率将随之降低。

第四节 公共图书馆的服务标准

一、制定与实施公共图书馆服务标准的意义

服务标准是服务质量标准的简称，指社会上某一服务行业或机构用以指导和管理其成员开展服务行为的原则和质量规范。图书馆服务标准是指图书馆行业用以指导和管理本行业为所有社会成员开展信息服务行为的原则和质量规范。它是图书馆通过用户服务调研和宣传推广，了解用户获取文献信息的期望或要求以后，将有价值的信息转变为服务标准。它能保证图书馆达到最佳的服务秩序和服务质量。图书馆工作人员按服务标准为用户服务，使能够获取的文献信息充分发挥作用，从而极大地满足用户的要求，让用户满意。可以说公共图书馆服务标准是衡量图书馆服务质量的重要指标，也是促进图书馆提高服务质量的手段。公共图书馆服务标准对未来公共图书馆事业的发展有着深远的影响，制定合理的公共图书馆服务标准是保持公共图书馆不断发展、使其具有蓬勃生命力的重要手段，具有重大意义。（1）通过对公共图书馆服务标准的研究能调动公共图书馆为用户服务的积极性、主动性，提高公共图书馆的服务能力。（2）研究和制定公共图书馆服务标准，形成科学合理、服务细分的一系列标准，结合公共图书馆事业发展的现实水平，提出略具前瞻性的指标体系，对未来公共图书馆建设与服务具有重要的指导意义。（3）公共图书馆服务标准中必然会涉及图书馆各项目设置的指导性建议，落实公共图书馆以人为本的服务理念，提升和拓展现代图书馆的服务方式和手段，造就一批具有现代化特色和高服务水准的公共图书馆。（4）公共图书馆服务标准是对公共图书馆事业健康发展的政策性导引，明确公共图书馆事业的未来发展方向。

《公共图书馆服务规范》中指出，制定公共图书馆服务标准的意义在于规范公共图书馆信息服务内容与质量要求，为促进公共图书馆事业的发展，建设覆盖全社会的公共文化服务体系，保障公众的基本文化权益，改善公共图书馆的服务条件，提高公共图书馆的服务效能和管理效益。

二、公共图书馆服务标准的主要内容

目前，国内各地区已经出台的公共图书馆服务标准所涉及的内容大同小异，而 2011 年颁布的《公共图书馆服务规范》则主要对公共图书馆的服务资源、服务效能、服务宣传、服务监督与反馈等方面做出了明确、详细的规定。

（一）公共图书馆服务资源

公共图书馆服务资源是指公共图书馆在开展服务的过程中所拥有的物力、财力、人力等各种物质要素，主要包含硬件资源、人力资源、文献资源和经费资源。

1. 公共图书馆硬件资源

公共图书馆硬件资源中已形成的具体标准与指标有馆舍建筑指标、建筑功能总体布局标准和电子信息设备数量指标，在公共图书馆选址设置中应按照《公共图书馆建设用地指标》执行，总建筑面积和阅览室座位数应按照《公共图书馆建设标准》执行。公共图书馆计算机设备的配置及用途指标，对在馆内与局域网或互联网连接的计算机网络接口数量做出规定：阅览室的信息点设置应不少于阅览座位数的 30%，电子阅览室的信息点设置应多于阅览座位数，有条件的公共图书馆应提供无线网络服务。

2. 公共图书馆人力资源

公共图书馆工作人员应受过专业训练、具备良好的职业道德，在服务工作中应平等对待所有读者。尊重和维护用户隐私，努力为用户提供准确全面的信息服务。人员配置数量也有相应规定，应以所在区域服务人口数为依据，服务人口每 10 000～25 000 人应配备 1 名工作人员；具有相关学科背景的专业技术人员应占在编人员的 75% 以上，少数民族自治区公共图书馆要配备熟悉少数民族语言文字的专业技术人员。此外，公共图书馆还应坚持实施针对全体工作人员的教育培训计划。每年用于人员教育培训的经费预算应占职工年工资总额的 1.5%～2.5%，年人均受教育培训时间应不少于 72 学时。公共图书馆的志愿者也是公共图书馆人力资源的重要部分，公共图书馆应导入志愿者服务机制，吸引更多图书馆工作人员和社会公众加入志愿者队伍。

3. 公共图书馆文献资源

关于公共图书馆馆藏文献的采集原则、馆藏文献总量，本章第三节已做了介绍，故此处不再展开。在公共图书馆文献资源中还规定，少数民族集聚地区的各级公共图书馆应承担该地区少数民族文字文献资料的收藏和服务的职能，其他地区各级公共图书馆也应收藏与本地少数民族状况相适应的少数民族语言文献。关于呈缴本制度也有具体的标准，呈缴本的入藏应符合本馆的文献入藏原则和范围，征集的品种、数量应达到地方正式出版物的70%以上。公共图书馆还应承担当地政府出版物的征集、保存与服务职能，设置政府公开信息查阅点，并做好服务工作。

4.公共图书馆经费资源

公共图书馆经费资源主要指文献购置经费，由各级政府承担，确保专款专用。省级图书馆年人均文献购置费应达到0.52元以上；地级图书馆年人均文献购置费应达到0.3元以上；县级图书馆年人均文献购置费应达到0.18元以上。文献购置经费应与财政收入的增长同步增加。在文献购置经费中安排电子文献购置经费，并根据馆藏结构和文献利用情况逐年提高或不断调整其与印刷型文献的比例。

（二）公共图书馆服务效能

服务效能是指公共图书馆投入的各项资源在满足用户需求中体现的效率和能力，主要规定了基本服务、拓展服务和服务效率等指标。

1.公共图书馆基本服务

在《中华人民共和国公共图书馆法（征求意见稿）》中对公共图书馆基本服务做出了界定，包括文献信息资源的检索、阅览、外借，咨询服务，举办读书会、报告会、讲座、展览等用户活动。公共图书馆的服务时间也有相应规定，省级图书馆每周开放时间不少于64小时，地级图书馆每周开放时间不少于60小时，县级图书馆每周开放时间不少于56小时。各级独立建制的少年儿童图书馆每周开放时间不少于40小时。

为了更好地向公众提供公共图书馆服务，公共图书馆还应因地制宜地开展形式多样的总分馆服务，通过流动站、流动车等形式，将文献外借服务和其他图书馆服务向社区、村镇等延伸，定期开展流动服务。

2.公共图书馆拓展服务

公共图书馆拓展服务有两个方面：（1）远程服务。公共图书馆应利用互联网、手机等信息技术手段和载体，开展不受时空限制的网上书目检索、参考咨询、文献供应等远程网络信息服务。（2）个性化服务。公共图书馆可为个人、企事业机构及政府部门提供多样化的、灵活的、有针对性的服务。

3.公共图书馆服务效率

公共图书馆服务效率是通过文献整理时间、闭架文献获取时间、开架图书排架正确率、馆藏外借量、人均借阅量、电子文献使用量、文献供应响应时间、参考咨询响应时间等指标体现出来的。

文献整理时间以文献到馆至文献上架（或上线）服务的时间间隔计算，报纸到馆当天上架服务，期刊到馆2个工作日内上架服务，省级图书馆、地级图书馆及县级图书馆分别在图书到馆20、15、7个工作日内上架服务。闭架文献获取时间以用户递交调阅单到用户获取文献之间的时间间隔计算，闭架文献供应不超过30分钟，外围书库文献供应不超过2个工作日。开架图书应按照《中国图书馆分类法》分类号顺序排列整齐。省级图书馆、地级图书馆及县级图书馆的开架图书排架正确率分别不低于96％、95％、94％。文献供应响应时间以收到用户文献请求至回复用户的时间间隔计算，响应时间不超过2个工作日，并应告知用户文献获取的具体时间。公共图书馆需提供多样化的文献咨询服务方式，包括现场、电话、信件、传真、电子邮件、网上实时、短信等。参考咨询响应时间以收到用户咨询提问至回复用户的时间间隔计算，现场、电话、网上实时咨询需在服务时间内当即回复用户，其他方式的咨询服务响应时间不超过2个工作日。

（三）公共图书馆服务宣传

在公共图书馆服务宣传方面，对导引标识（方位区域标识、文献排架标识、无障碍标识）、服务告示（告示内容和方法、闭馆告示）、馆藏揭示和活动推广等方面确立了具体规范。

1.导引标识

公共图书馆导引标识系统应使用标准化的文字和图形，公共信息标识应采用国家标准《标志用公共信息图形符号　第1部分：通用符号》；在主体建筑外竖立明显的导向标识；公共图书馆入口处应标明区域划分；在每一楼层设立醒目的布局功能标识。公共图书馆应在阅览区和书库设置文献排架标识，还应对无障碍设施设置专用标识。

2.服务告示

公共图书馆的服务告示需要告知用户公共图书馆服务的范围、内容和方法，用户须知，借阅（使用）规则，服务承诺等基本服务政策。

如因故暂时闭馆，须向上级文化行政主管部门报告并经其同意后，提前一周告知用户。如遇公共安全、网络安全等突发事件，须临时闭馆或关闭部分区域、暂停部分服务时，应及时告知用户。

3.馆藏揭示

公共图书馆应借助计算机管理与书目检索系统，将纸质、电子和缩微等不同载体的馆藏文献目录向公众揭示，提供题名、著者、主题等基本检索途径，方便用户查询。还应通过网站、宣传资料、专题展览等形式，向公众推介、揭示最新入藏的文献和特色馆藏。

4.活动推广

公共图书馆应通过媒体、网站、宣传资料、宣传栏及各种现代化通信手段等形式，邀请、吸引用户的参与和互动，增强和提高公众对公共图书馆的认识。

（四）公共图书馆服务监督与反馈

在公共图书馆服务监督与反馈方面，服务标准规定：公共图书馆应在馆舍显著位置设立用户意见箱（簿），公开监督电话，开设网上投诉通道，建立馆长接待日制度，组建社会监督员队伍，定期召开用户座谈会。认真对待并正确处理来自用户的意见或投诉，在 5 个工作日内回复并整改落实。

还对用户满意度调查的指标与机制做出了具体规定：公共图书馆每年应进行一次用户满意度调查，可自行或委托相关机构向馆内用户随机发放用户满意度调查表。省、地、县级图书馆调查表发放数量分别不少于 500 份、300 份、100 份，回收率不低于 80%。各级公共图书馆的用户满意度应在 85%（含）以上。应对回收的用户满意度调查表进行分析，针对薄弱环节提出整改意见。对调查数据应进行系统整理，建档保存。

三、中国公共图书馆服务标准的发展趋势

（一）与时俱进

一个标准的制定与执行不是一劳永逸的，而是一个循序渐进、不断完善的过程。面对社会发展带来的新变化和挑战，公共图书馆应积极应对，发现问题并及时修订，这样才能真正发挥标准体系的保障作用。首先，建立与时俱进的修订体制，主要体现在标准的持续性上，只有和现实贴近的标准才会更有利于公共图书馆去参照并努力向标准的方向迈进。在美国、英国、澳大利亚等国，

每隔 3～5 年就会对公共图书馆服务标准进行一次修订，美国的《公共图书馆标准》一年内就修订了多次，从未间断。其次，影响标准修订的因素是多角度的，社会、技术、经济、图书馆事业每时每刻都发生着变化，且其与社会环境、用户期望、未来的需求，以及预期的人口增长息息相关。

（二）关注弱势群体

《公共图书馆宣言》（1994）曾提到：每个公民都有平等享受公共图书馆服务的权利，而不受年龄、种族、性别、宗教信仰、语言或社会地位的限制。残疾人由于受身体和精神等方面的制约，受到不同程度的文化限制。我国在公共图书馆服务标准的制定过程中，应大力推进相关的制度建设，保证弱势群体平等自由使用图书馆的权利。例如，在建筑无障碍设施及空间面积的基础上，确保公共图书馆制度、资源和服务方面满足弱势群体的知识和文化需求。美国的《美国残疾人法案》《美国联邦残疾人法案建筑和设施利用指南》《公共图书馆空间需求》等均为美国公共图书馆特殊群体的服务提供了法律基础和制度的保障，为世界公共图书馆事业的发展奠定了坚实的基础。

（三）适合国情

我国对公共图书馆服务标准的研究比较薄弱，传统的公共图书馆服务标准一般以办馆条件为重点评估内容，没有重视用户的成分，不利于服务质量的提升。标准的制定需要考虑各地公共图书馆的现实情况和当地人口的分布规律，使投入的资源发挥最大效用。

我国幅员辽阔，各个地区的地理特征、人口密度和分布、经济发展状况都有很大差别，在制定公共图书馆服务标准时需要适当考虑当地的服务人口和社会需求，结合我国具体国情，吸取和利用先进的科学方法与经验，探索适合中国国情的服务标准体系。此外，流动图书馆等服务形式将是提高整体公共图书馆服务水平的关键，是普及公共图书馆服务的主要形式，对于我国农村和偏远地区更是意义重大。

（四）创新型探索

公共图书馆服务标准的制定是为了更好地提高公共图书馆服务意识，拓展服务手段和服务方式，提高用户满意度。创新是发展公共图书馆事业的灵魂。对于公共图书馆来说，创新意味着对服务标准进行调整、设计与发展。公共图书馆员工都应该认真学习、贯彻和执行《公共图书馆服务规范》，并以此为基础制定考核标准，规范图书馆员工的服务行为，以促进公共图书馆事业的长足发展，这是我国公共图书馆生存价值的重要体现。从理论与实践两方面对公共图书馆服务标准体系进行创新性探索，为今后公共图书馆服务标准的发展积累宝贵的经验。

第三章　现代图书馆资源战略管理

第一节　现代图书馆资源战略与规划管理概述

一、现代图书馆资源战略规划

（一）图书馆资源战略规划的内涵

1.战略规划

战略规划源于 20 世纪 50 年代，但由于各种战略规划模型在实际中并没有起到太大作用，直到 20 世纪 90 年代，战略规划才以战略管理的姿态重新出现，并得到更广泛的应用。战略规划是一个持续制定与实施的过程，同时在实施过程中随时根据实施的反馈情况来评估既定目标的实现情况。

战略规划是一个为人熟知的概念，它是指一个组织为实现优先行为而制订并实施的全面和长远的计划，目的是为组织的未来发展提供明确的目标和方向，完成组织的使命和愿景。

管理大师德鲁克指出，战略规划是系统化制定当今企业决策、获得未来最重要知识以及系统化执行组织决策所需的各种工作，并利用有效反馈对照原有预期测评决策成效的一种持续过程。

所谓战略规划，就是制定组织的长期目标并将其付诸实施。很多大企业都有意识地对大约 50 年内的事情做出规划。制定战略规划分为三个阶段：第一阶段就是确定目标，即企业在未来的发展过程中，要应对各种变化所要达到的目标。第二阶段就是要制定规划，当目标确定了以后，考虑使用什么手段、什么措施、什么方法来达到目标，这就是战略规划。第三阶段是将战略规划形成文本，以备评估、审批，如果审批未能通过的话，可能还需要多个迭代的过程，需要考虑怎么修正。在规划相对长（3年及以上）的未来时，存在两种设计思路或指导思想，因而存在两种规划过程：长期规划（long-range planning）与战略规划（strategic planning）。尽管这两个术语在很多场合、被很多图书馆当作同义词使用，但无论在管理学领域还是图书馆学领域，战略规划的研究者们都认为二者存在根本区别。

2. 规划

规划（planning）是一个组织对其未来及通向未来的路径进行设计的过程。Stueart和Moran借鉴管理学文献，将图书馆规划定义为以下过程：对未来进行评估，根据未来情景确定具体目标，设计实现这些目标的行动路线，对行动路线做出选择。由于评估、设计、选择的过程都需要建立在充实、全面、准确的数据及其分析之上，因此，图书馆战略规划的制定过程也是一个贯穿了收集数据、分析数据、概括结果、形成决策的研究过程，通常由一个专门团队（委员会）共同完成。

3. 战略规划的特点

战略规划的有效性包括两个方面：一方面是战略正确与否，正确的战略应当做到组织资源和环境的良好匹配；另一方面是战略是否适合该组织的管理过程，也就是和组织活动匹配与否。一个有效的战略一般有以下特点：

（1）目标明确。战略规划的目标应当是明确的，不应是二义的。其内容应当使人得到振奋和鼓舞。目标要先进，但经过努力可以达到，其描述的语言应当是坚定和简练的。

（2）可执行性良好。好的战略应当是通俗的、明确的和可执行的，它应当是各级领导的向导，使各级领导能确切地了解它、执行它，并使自己的战略和它保持一致。

（3）组织人事落实。制定战略的人往往也是执行战略的人，一个好的战略计划只有有了好的人员执行，它才能实现。因而，战略计划要求一级级落实，直到个人。高层领导制定的战略一般应以方向和约束的形式告诉下级，下级接受任务，并以同样的方式告诉再下级，这样一级级的细化，做到深入人心，人人皆知，战略计划也就个人化了。个人化的战略计划明确了每一个人的责任，可以充分调动每一个人的积极性。这样，一方面激励了大家动脑筋想办法，另一方面增加了组织的生命力和创造性。在一个复杂的组织中，只靠高层领导一个人是难以识别所有机会的。

（4）灵活性好。一个组织的目标可能不随时间而变，但它的活动范围和组织计划的形式无时无刻不在改变。战略计划只是一个暂时的文件，应当进行周期性的校核和评审，灵活性强使之容易适应变革的需要。

4. 图书馆战略规划

图书馆战略规划是面向未来，确定图书馆使命、愿景、目标、战略及其实施计划的思维过程与框架。它需要图书馆员工和管理者对未来进行战略思考，在多种竞争压力和可选方案中，只选择那些与图书馆和外部机会一致的战略方案，以及那些可以最大化资源并使图书馆更有效实现未来目标的方案。因此，图书馆战略规划首先是一个战略决策过程，致力于何种规划、何时进行、如何进行、由谁负责、步骤是什么。图书馆战略规划要通过某些合适的方式（如章程、手册或网站）公开向用户阐明图书馆的使命、愿景、目标和行动纲要，它实质上是向人们表明一种态度、承诺、工作重心和服务方式。这既有利于图书馆在未来行动中做到有章可循，也有利于图书馆就工作绩效接受广大用户的监督与评价。图书馆战略规划是图书馆管理者与广大员工及相关人员共同经过一段特定时间的创造性思维所形成的一整套计划，它涉及长期战略问题的决策、实现战略和完成工作的操作可能变化的预先计划、业务计划或预期的收支绩效目标等。战略规划还是一种主要分析工具，可系统识别图书馆未来存在的机会与威胁、优势与劣势，并利用相关数据为图书馆制定最佳决策提供基础。

然而，图书馆战略规划并非试图制定图书馆未来决策。决策只能在当时做出；预先的规划要求在未来可能性事件中做出选择，但针对它们的决策却只能在当时做出。图书馆战略规划也并非试图勾画教条的蓝图，它不是用钢铁铸成的一套固定计划，可以日复一日地使用，而不必考虑未来的一切变化。大多数公司定期修订其战略规划，通常一年一次。图书馆战略规划也应有一定的灵活性，要根据不断变化的环境加以调整，这种调整不能太频繁，可以年度为单位。

一个优秀的有前瞻性和操作性的战略规划，能够帮助图书馆了解所处的外部环境，了解自身的优势和劣势，以及可能面临的机遇和挑战，明确未来努力的目标和方向，从而优化资源配置，提高图书馆服务绩效，推动图书馆事业跨越式发展，更好地为地方的社会、经济、文化发展服务。

（二）战略规划与图书馆的关系及其对图书馆发展的影响

1.战略规划对公共图书馆的价值

从20世纪80年代开始，长期规划和战略规划始终是发达国家公共图书馆管理的重要工具。自20世纪90年代初开始，美国图书馆界率先对公共图书馆战略规划的效果进行了一系列考察，如史蒂芬斯的抽样调研、萨顿的典型案例调研和一些图书馆的个案调研等。研究结果一致显示，虽然战略规划本身需要不少人力和财力投入，但它的确可以对图书馆产生巨大价值，是一项值得投入的管理活动。

上述研究显示，战略规划对公共图书馆产生的最显著的价值就是引导图书馆应对变化，把握未来。在战略规划过程中，规划人员（通常是由图书馆管理人员和其他利益相关者代表共同组成的团队）首先要通过规范的调研方法，收集有关图书馆环境及其变化趋势的数据，然后对这些数据进行分析，根据分析结果确定未来任务和目标，最后设计行动方案确保目标实现。在每个规划期末，他们还要通过系统的评价方法，对规划实施情况进行评价，为下一轮规划提供参考。与其他针对未来的决策方式（如依赖管理者个人经验和直观判断、沿循过去的发展轨迹、模仿其他图书馆的做法、听任主管部门的安排等）相比，这一过程具有显著的规范性、理性、民主性，有助于图书馆完整地认识其所处环境、自身条件、未来情景，对未来做出明智的选择。

战略规划对公共图书馆产生的第二个价值是规范组织行为，增强组织活力。调研显示，战略规划确定的图书馆使命、任务、目标等，可以为全体员工提供明确一致的努力方向，为资源配置、部门协调、绩效评价、公共关系等提供蓝本；它确定的行动方案一旦启动，可以给图书馆带来变化、注入活力，如改善馆藏结构和服务、克服组织惰性、改善部门沟通和利益协调、提高组织凝聚力、培育自我评估意识等。

战略规划对公共图书馆产生的第三个价值是宣传价值。它确定的图书馆使命、任务、目标、行动方案可以成为图书馆向地方政府争取经费、向潜在的捐赠者争取捐赠、向公众宣传图书馆作用的依据。它形成的规划书可以作为图书馆向利益相关者陈述自身责任和存在理由的基本文献。史蒂芬斯和萨顿的调研都显示，规划过程不同程度地提高了图书馆对公共资源的竞争力；在史蒂芬斯考察的案例图书馆中，因战略规划而增加的地方政府投入最高达91%。

对于图书馆而言，战略规划较之单纯的工作计划有更为重要的意义。图书馆不可能存在于不变的封闭环境之中，做有计划的事情比处理突发事件更为有效。因此，图书馆应重视与推广战略规划。战略规划将提供一套实际的、可测量的目标，激发图书馆员工开展各项工作来实现这些目标。虽然战略规划的某些环节（如评估环境威胁和机会、确立目标、检查和选择行动方案）可以在其他一些规划活动中发现，但是战略规划不同于其他规划，它以关键战略问题为中心。战略规划与其说是一组程序，不如说是一种参考框架和思维方式。

图书馆需要重新思考其愿景、使命与目标，重新审视本身的优势与劣势，识别那些阻碍未来发展的威胁和促进未来发展的机会。不管人们是否认为大学规划影响大学图书馆、城市规划影响公共图书馆、教育制度规划影响媒体中心、企业规划影响专门图书馆，如今大多数图书馆都被卷入战略规划之中。图书馆战略规划以了解图书馆现有环境和开展未来业务为中心，鼓励创造力，向顾客主动推销服务，并鼓励图书馆管理者采取系统途径来调配资源。这些系统途径包括：提供一种机制以避免牺牲图书馆整体利益来过度强调图书馆部门利益；指引管理者做出与图书馆目标和战略一致的决策；提供测评整个图书馆、部门和个人绩效的基础；促进高层管理者关注重要战略问题；加强员工培训；鼓励员工积极参与组织目标建设。

战略规划可帮助图书馆在资源、需求和机会之间建立、维持足够灵活的战略，可以为图书馆员工提供获悉图书馆环境与工作过程的机会，并由此允许图书馆员工开展创造性、合作性的工作来实现共同目标；战略规划也能提供极好的公共关系机会，并能作为一种手段使图书馆动态融入环境之中；战略规划还能进行环境扫描，识别图书馆面临的发展环境、机会与威胁，然后根据图书馆的优势与劣势制定合适的发展战略。随着图书馆生存环境的日益变革与复杂化，如今图书馆开展战略规划比以往任何时候都显得更加重要。吴建中博士则认为越来越多的图书馆开始重视制定战略规划，战略规划逐渐成为当今图书馆管理的一个热门话题。

2.图书馆战略规划的重要性

我国图书馆战略规划落后的主要原因除了基础因素外，最主要的还是认识问题。为什么我国关于战略规划只有一些零散的研究，只有少数大型图书馆才想到做战略规划呢？这反映了我国图书馆界战略意识整体缺乏的现象。特别令人遗憾的是，许多图书馆还觉得战略规划太抽象、不具体，不能解决图书馆现实问题；也有一些馆长认为，即使做了战略规划，也不会执行，不如不做。值得一提的是，一些在国内颇有影响的、被业界称之为优秀的图书馆，也没有战略规划。他们对战略规划不以为然，根本不认为战略对一个图书馆，特别是对于先进图书馆具有重要意义。如何看待中国图书馆界的这个现象，一方面是时机和条件未成熟，从这个意义上来说是正常现象，但从另一个方面来说，近十年来，我国一些图书馆大量学习国外的先进经验，虽然有的只是一味模仿，但也使图书馆焕然一新，为什么学习了国外的那么多好的做法，却没有学到做战略呢？从这个方面来说，又存在着不正常现象。当然，我们经营图书馆总有一天是要做战略研究和规划的，但不可盲目等待。无论图书馆实际工作者如何看，从研究的角度，必须要有前瞻意识，不能只做实践的注解工作，包括图书馆建筑、总分馆制、图书馆服务等研究。图书馆学研究应该是超前的，这个超前不是脱离现实，造成理论与实际的脱节。从一般意义上说，战略规划在我国图书馆的必要性和重要性反映在三个层面：

（1）社会层面，图书馆战略规划是我国社会环境发展的要求。其一，全球化、知识化进程的加快和竞争环境的日益复杂化，使得战略管理、战略规划成为组织生存与发展的重要工具。其二，文化大发展、大繁荣下的图书馆必须在公共文化服务体系中获得战略地位和新的作用。其三，结合科学发展观的学习，图书馆的科学发展离不开战略规划。

（2）事业层面，图书馆战略规划是我国图书馆事业发展的要求。一是图书馆行业整体发展需要战略规划，二是图书馆转型需要战略规划，三是图书馆类型与定位需要战略规划。

（3）业务层面，图书馆战略规划是我国图书馆工作和业务发展的要求。任何一个图书馆，都要考虑与实务相关的重要问题，这些重要问题也是战略规划必须解决的问题。明确图书馆业务与战略的关系十分重要，那些认为没有战略规划同样可以搞好服务、做好管理的馆长，不是从图书馆的长远发展和整体来考虑的，而只是考虑一个任期、一个局部。那么整体水平的提高、业务流程的变革、公共模式的转变、能力结构的优化、目标任务的升级，这些关系到可持续发展的问题，都与战略有密切关系。解决了认识问题，就应该有相当数量的图书馆提早考虑战略规划。尽管战略环境与条件尚不具备或不理想，但是战略规划对我国图书馆来说势在必行。实践者应当先行，研究者更应该抢先一步。

（三）图书馆战略规划的框架与流程

1.图书馆战略规划的框架

图书馆战略规划框架因馆而异。图书馆战略规划由实施纲要、使命声明、需求或激励因素分析、价值观、图书优势与劣势、目的和目标、支持性伙伴和联盟、支持性大学环境、人力资源开发、财务计划、时间表、评价方法组成。图书馆战略规划包括概要、引言、环境扫描、使命、愿景、价值观、关键行动领域、目的、战略、目标、财务资源。盛小平认为：图书馆战略规划框架至少包含愿景、使命、价值观、目标体系、战略五个部分。

（1）愿景

愿景是说明图书馆将来是什么的一种声明，即对图书馆蓝图的一种描述。愿景可以延伸图书馆的能力与形象，并指明图书馆未来的轮廓与方向。作为一种导向声明，愿景能够回答图书馆欲得到的未来是什么。例如，华盛顿大学图书馆的愿景是："华盛顿大学图书馆将在设计、创建实现成为 21 世纪学术研究图书馆的承诺方面成为世界领先者。作为华盛顿大学的知识与物质共享空间，我们促进知识发现与鼓励知识增长。无论何时何地，我们预期并满足不同用户的信息需求，使学生成为信息敏捷的世界公民而在生活中取得成功。"

（2）使命

使命是描述图书馆目的、存在原因和希望去执行的活动的一种简洁声明。定义使命是图书馆进行战略规划的重要步骤，这种工作是基于图书馆愿景所确立的价值观和信仰，换句话说，图书馆使命声明直接遵循愿景声明，简要说明为实现愿景将要开展的工作。图书馆使命声明要回答三个主要问题：谁是图书馆的用户？图书馆提供哪些服务？图书馆如何开展这些活动？使命指导图书馆确立目标和建立实现这些目标的战略。不同图书馆的使命声明是不同的，取决于顾客的需求。例如，华盛顿大学图书馆的使命是"致力于把人们与知识连接起来，提高生活质量，促进知识发现"。

（3）价值观

价值观是个人或群体在与外部世界的相互作用中所信奉的原则、信念、标准等。在图书馆，通常是用对他人的尊敬、诚实和正直、社会责任、对创新与卓越服务的承诺来陈述的。例如，在"华盛顿大学图书馆 2006—2010 年战略规划"中，价值观包括如下五个方面：

服务－我们重视以质量和用户为中心的服务，预期并满足大学用户的信息需求；我们重视图书馆在教育和公众利益服务方面所起到的特殊作用。

学术－我们重视图书馆在终身学习、思想的自由交流以及创造知识中的重大作用；我们重视与大学图书馆内外的合作与协作。

尊重－我们尊重个人的技能、才干、用户与员工的多样性；我们重视员工美德、责任感和创造力。

资源－我们重视为大学用户建设、组织、保存和提供研究级资源。

作为场所的图书馆—我们重视图书馆要成为知识共享空间，丰富大学学术生活；我们重视图书馆作为舒适且受欢迎的场所和作为一种动态设施来提供对馆藏的有效访问。

（4）目标体系

目标是图书馆管理者在特定时间内达到某一具体绩效的承诺。目标与图书馆愿景和核心价值观直接联系起来，这是显示图书馆业绩、承诺和重点的标尺。目标可分为总目标与分目标，由此构成图书馆目标体系。分目标必须对完成图书馆总目标具有实际意义。在目标设置过程中，必须考虑以下问题：目标此时是否适合于图书馆？分目标是否有助于实现总目标？目标是否指引图书馆通向正确的方向？目标是否支持图书馆使命？目标是否被大多数实施者所接受或理解？图书馆能否为此目标负得起费用？目标是否可测评和可完成？是否有足够的信心来迎接挑战？另外，图书馆还需在目标体系中标注可利用的资源和评价分目标实现标准的指标。

（5）战略

战略是图书馆管理层所制定的计划，包括一系列的竞争性活动和业务方法的组合。它可细分为业务战略、职能战略、经营运作战略等。业务战略是指图书馆某项业务的策略规划，充分体现在图书馆管理者为实现某种业绩而制定的行动方案之中。业务战略的核心是如何提高图书馆业务能力与服务水平。职能战略是图书馆管理者为特定的职能活动、业务流程或重要业务部门所制定的策略规划。虽然职能战略所涉及的范围比业务战略要窄，但是可以为整体业务策略规划提供一些细节。它所涉及的问题是制定一种管理某项业务中的主要活动或过程的策略规划，包括服务、营销、财务、人力资源等。经营运作战略所关注的是一些范围更窄的战略行动和经营策略，例如，如何管理关键的经营运作单位（如参考咨询部、采编部），以及如何开展那些有战略重要性的任务（如资源采购与加工、用户服务）。虽然经营运作战略所涉及的范围有限，但它能使职能战略和业务战略更详尽。经营运作战略一般由部门领导负责制定，由馆领导审批。

2.图书馆战略规划的流程

图书馆战略规划流程需要描述图书馆的远景，识别其使命，设置其目标，确立各种实现这些目标的行动。简单地说，战略规划流程是一种把决策转化为政策、政策进一步转化为行动的持续循环过程。它往往包括启动阶段、战略分析阶段、战略确认阶段、业务规划阶段、实施阶段、反馈与评价阶段六个阶段。下面简要说明战略规划流程各阶段的相关问题。

（1）启动阶段

图书馆实施战略规划的三个前提条件是：一是要在整个图书馆通告战略规划流程，并要求图书馆员工忠于承诺；二是图书馆战略规划要适应或促进其直属组织或社会发展战略规划；三是图书馆主管部门（或人员）应该知道图书馆战略规划达成的决策、承诺和所做的努力，以使图书馆获取外部支持，减少各种阻力来获得最大的成功。一旦就引入战略规划问题取得一致同意后，图书馆管理者就可组建战略规划团队（或委员会）。战略规划团队应该包括图书馆员工和其他相关人员。

（2）战略分析阶段

战略分析阶段的主要任务是进行环境扫描和识别相关战略问题。环境扫描可分为外部环境分析与内部环境分析两种类型。

图书馆可利用 PEST 分析方法进行外部环境扫描。PEST 分别对应于政治、经济、社会和技术因素，其中政治因素包括政府机构对信息服务的态度和信息政策；经济因素着眼于体制和总体经济条件、国内外趋势；社会因素包括形成当地文化的道德和价值观；技术因素是指开发那些有影响力的硬件与软件系统。

图书馆可结合 SWOT 矩阵和内部自我检查进行内部环境扫描。利用 SWOT 矩阵，就是要求图书馆在调查研究的基础上，确定图书馆的内部优势因素（Stengths）、内部劣势因素（Weakness）、外部机会因素（Opportunities）和外部威胁因素（Threats），将它们按照矩阵形式排列起来，通过考察内外部因素的不同组配，进行全面系统的综合分析，从而帮助图书馆战略规划团队做出最优决策。自我检查始于识别那些指导图书馆服务目标的信仰、价值观和风气，也须对包括员工、服务、体制、资源、资源使用方法、资金、现有战略等多种因素进行分析，并利用图书馆物力和财力所能提供的愿景来协调使命声明设想的愿景。若存在巨大的差异，就须寻找解决办法来降低期望或增加资源。图书馆通过内外部环境扫描，可以发现如下关键战略问题：图书馆如何对拥有的或可存取的信息提供有效的集成访问？如何扩大图书馆对其所属机构或社会决策者的影响来更有效地实现图书馆使命？如何创建一种利用信息技术全面支持和提升图书馆目标的环境？如何建立一种组织氛围，能促进图书馆员工对共同目标与价值观的承诺？应该寻求与建立什么样的合作关系帮助图书馆实现目标？应该为谁提供哪些服务？由谁负责？如何安排员工以响应工作环境的变化？

（3）战略确认阶段

图书馆在完成环境扫描后，可以基于图书馆隶属机构或用户需求确定图书馆战略问题，这包括确立图书馆使命与愿景、价值观、目标体系、战略与顾客。

确立图书馆使命与愿景常用两种方式：一种是自上而下，一种是自下而上。前者通常是由图书馆高层领导结合当前的实际情况，充分考虑未来的发展趋势，提出图书馆的未来发展总体设想或方向，并由图书馆相关部门人员将这一设想进一步细化使之成为清晰而准确的文字描述；后者通常是在图书馆高层领导的指示下，由指定部门员工提出有关图书馆使命和愿景的初稿，然后交全体员工讨论和征求意见，原指定部门员工将员工意见进行综合整理与提炼后，形成第二稿，再交图书馆领导审准。不管采取哪种方式，让员工广泛参与图书馆使命与愿景的制定工作是非常必要的。但确定图书馆价值观，最好采取自上而下的方式。

在设立目标体系时，图书馆可利用平衡计分卡把战略目标体系划分为财务目标、用户目标、业务流程目标、学习与增长目标。财务目标主要是要保证图书馆获得足够的资金投入和投资的稳定增长；用户目标主要是扩大用户量，使图书馆资源与服务能够得到最大限度的利用，并提高用户满意度、忠诚度，减少用户投诉率；业务流程目标主要是围绕图书馆服务链进行的，如引进或购买更多国内外文献资源、开拓新的服务方式、提高服务水平；学习与增长目标主要是实现图书馆业务工作的持续改进和获得最佳绩效。

图书馆管理者可利用SWOT矩阵确定如下四类战略：SO（优势—机会）战略，即依靠内部优势去抓住外部机会的战略；WO（劣势—机会）战略，即利用外部机会消解内部劣势的影响；ST（优势—威胁）战略，即利用图书馆优势去避免或减轻外部威胁的战略；WT（劣势—威胁）战略，即克服劣势、避免威胁的战略。

（4）业务规划阶段

基于前面的战略分析与战略选择，图书馆就可制订具体的业务计划，这包括资源建设计划、服务计划、财务计划、设备计划、人力资源开发计划、组织计划等，并对这些计划做出合理预算。

（5）实施阶段

战略规划的目的在于通过战略实施取得预期的目标绩效。因此，战略规划实施在整个战略规划流程中是很关键的工作。战略实施要求图书馆根据各项战略完成预先确定的各项工作任务。它实质上是图书馆员工冲破阻力、克服困难、解决问题的过程。

（6）反馈与评价阶段

在图书馆战略规划实施过程中，要经常获得来自用户和员工对目标及其行为的反馈。图书馆利用这些反馈，一方面可以及时发现战略规划中存在的不足之处，为完善战略规划提供参考；另一方面可以作为重要依据来评价战略规划及其目标的实施效果。比如，衡量大学图书馆战略规划成功与否的最根本标准是大学图书馆在促进学生学习、教师教学与科研方面是否达到令人满意的程度。对于战略规划中的阶段性目标（如年度计划目标），应该在此阶段末期（而非结束整个战略规划时）就启动评价活动。图书馆只有在完成现有战略规划绩效评估后，才能启动下一轮战略规划，否则就很难保证图书馆战略规划的科学、合理与高效。

（一）现代图书馆战略管理

（1）图书馆的信息资源建设战略

在馆际互借与资源共享的条件下，运用有限的经费，购买重要和适用的印刷本图书、报刊等传统文献；要重视集聚网络信息资源，诸如学术会议信息、专家主页、学术论坛、专业新闻，注重运用开放手段获取资源，多角度丰富数字馆藏；加强网上电子期刊的管理、订购，更加注重新型媒体文献的入藏，如数据库、光盘文献、音像制品等；各类数据库建设加强，把传统馆藏文献转化为电子资源；全面加强馆际协作，加强建设文献资源保障体系。因用户对信息资源的多样化和个性化的需求，面对宏大的、多类型、多传递渠道的信息资源集合，图书馆的信息资源建设要进行有效的资源整合。同时，信息资源建设要突出地方和行业馆特色。

（2）图书馆的用户服务战略

现代图书馆的管理是以用户为中心，以顾客需求为价值取向的服务，把传统服务方式进行延伸。图书馆的服务要建立面向用户的开放服务体系；图书馆用户服务不局限在某一地区、部门或团体，它是面向整个网络，进行延伸拓展。要提供一站式的信息服务。建立统一的信息检索平台和咨询平台，运用信息技术对不同类型、特点的数字化资源进行整合，实现信息资源、技术、内容的集成，实现跨库检索和开放链接。

（3）图书馆的人力资源管理战略

现代图书馆的工作人员要进行角色转变。他们不但要有图书馆学、情报学及各种专业的知识，还要有数据库管理能力、信息搜集和处理能力、信息检索工具生成能力、网络信息运用能力、计算机操作能力，要树立开放理念、服务理念、用户理念、效益理念和资源共享理念等。工作人员应具有较大的自主权，在工作范围内做出各种决定。现代图书馆馆员晋升职务是以能力大小为尺度的，图书馆人员的选择要看其受教育的情况及技能水平，还要看他是否能够自觉工作，自我约束，有无团队合作精神等。要增强组织吸引力，留住优秀人才。

（4）图书馆的组织文化战略

现代图书馆的组织文化作为组织的指导思想、经营理念和工作作风，主要包括价值理念、行为准则、道德规范、文化传统、风俗习惯、管理制度及组织形象等。组织文化能激发工作人员的工作热情，统一团结的意志。建立组织文化对树立图书馆形象、争取社会各界的支持与合作、吸引更多的用户和用户非常有利。现代图书馆文化建设要坚持以人为本，塑造发展和谐团结的文化。

（二）图书馆创新管理战略

随着图书馆事业的发展，图书馆创新管理是必然的，要对其宏观管理模式进行创新，主要包括实行知识管理、业务流程管理等全新的管理创新，还要从微观层面用创新的理念和方法实施具体的管理活动，任何管理活动均要有创意，要在创新的环境下展开，图书馆的管理者和工作人员都要积极参与微观层面上的创新。图书馆创新管理不能仅停留在宏观层面上，必须把其扩大至具体的管理活动操作中。图书馆创新管理的实施操作要按以下要求进行：

1. 勇于创新，大胆改革

组织内部自上到下都要破除封闭保守、被动的局面，大胆创新的服务方式，变革传统的工作模式，进行业务工作的改善。主管领导要鼓励员工提出创新意见和建议。

2. 上级支持，员工全面参与

创新管理首先要获得上级管理部门的支持，还必须组织内部各部门及工作人员积极配合，推动成功的创新服务。

3.沟通协调，形成合力

管理创新方案提出后，需要财力资金和人力资源的支持，还应在工作程序上进行调整，这都需要通过各个部门、上级主管及全体馆员之间良好的沟通协调，形成合力，推行创新方案。

4.激励支持

图书馆对馆员的激励与支持是其创新方案提出的重要因素。图书馆领导要以人力、物力及资金的支持，协助进行部门间的沟通，使创新方案得以落实。

5.组织学习，积累经验

管理创新的推进是一种组织学习的过程，在推进中无论是研究创新服务方式，设计服务机制，还是进行可行性评估、市场调查、效益评估，均要让参与的人员得到学习经验。

6.积累到宝贵经验，坚持经济效益原则，进行可行性分析

创新活动的推行要研究进行成本效益，图书馆要组织投入多少人力、物力和财力，有多少用户能够接受；图书馆推出创新措施后，受惠的用户有多少，投入的资源是否成比例，都要认真地进行经济性研究。

第二节　现代图书馆资源战略管理的层次

一、现代图书馆资源战略管理的层次

图书馆资源战略具有不同的层次，其战略管理也在不同的层次上进行。现代图书馆资源战略一般分为国家整体图书馆事业战略、地区（系统）图书馆战略、单位图书馆战略和图书馆职能层战略。

（一）国家整体图书馆事业战略

国家整体图书馆事业战略是指导图书馆事业发展的总体规划和部署，它指导不同图书馆的决策和重大发展策略路线，整体事业战略是在全面分析我国图书馆整体事业实际情况的基础上建立的，它的主要目的是明确制定我国图书馆的发展重点和发展总体方向，制定总体发展目标和发展战略规划，作为各个图书馆的总体发展纲领。

（二）地区（系统）图书馆战略

地区（系统）图书馆战略主要是以行政隶属关系或行政区域为单位，在各系统或各地方范围内建立图书馆战略。在不偏离国家整体图书馆事业战略指导的情况下，每个系统要结合本系统图书馆的特殊点及各地区经济、政治、社会文化发展状况，制订符合各地区，系统图书馆战略计划，提出各个图书馆建设发展的具体要求和总体目标，确定其战略阶段、主要战略规划和战略重点，全面贯彻落实国家整体图书馆事业战略。

（三）单位图书馆战略

作为图书馆战略管理的重中之重，单位图书馆战略起着统揽全局的重大作用，它主要是国家整体图书馆事业战略和地区（系统）图书馆战略的一个延续，由单位图书馆战略决定图书馆事业的整体发展水平，它决定图书馆职能层战略的制定与实施，同时明确图书馆发展方向。所以，通常所说的图书馆战略管理一般指这个层次的战略。

与其他图书馆相比，单位图书馆战略非常具体，是我国每个基层图书馆管理者按照国家整体图书馆事业战略、地区（系统）图书馆战略，针对本单位外部环境和内部资源条件、用户群体类型、用户信息需求的满意程度等方面因素确定的图书馆战略，主要目的是满足用户的信息需求，发挥各个图书馆的功能，实现图书馆的社会价值。单位图书馆战略包括：确定信息资源的范围重点，确定单位图书馆的时代使命以及发展方向，结合自身特色制定战略目标和主要战略措施等。

（四）图书馆职能层战略

在中小型图书馆中，一般将图书馆职能层战略与单位图书馆战略合为一体，主要是为了提高各种资源配置效率，通过实现职能战略相互支持和补充，从而保证单位图书馆战略的实现。职能层战略由一系列详细的方案和计划组成，时间跨度较短，还具有行动导向性。

图书馆职能层战略需要基层管理人员和员工积极参与制定。

二、现代图书馆资源战略管理的实施对策

在战略管理上，现代图书馆已经超越了图书馆，它与传统图书馆在宏观管理、服务方式、组织方式、文献资源建设、人才管理等方面都有很大差异。

（一）现代图书馆资源的宏观战略管理对策

图书馆联盟必须加快建设和发展，实现资源共享，初步实现图书馆现代化建设。各个图书馆之间必须紧密联系，进行战略管理在宏观上是必需的。国家可以成立图书馆联盟建设管理委员会，并且编写一些关于图书馆联盟建设的相关政策，给予资金上的支持和政策上的保障，图书馆联盟将利用网络环境的优势，组建出计算机网络的图书馆程序系统。另外，各相关部门应该建立本系统内全国性的图书馆联盟来加强以地区中心为主导的地方性图书馆联盟。

（二）现代图书馆资源的建设战略管理对策

加快各类型数据库的完善，把部分特定的传统馆藏文献转化为电子资源；完善全国性的文献资源保障体系建设工作，加强馆际联系和协作。每个用户对信息资源有不同的需求，信息资源展现出多样化、个性化的特点，对于多类型的、丰富的、多传递渠道的信息资源，有效的资源整合对现代图书馆资源的建设极其重要。在此基础上，现代图书馆资源的建设还要突显本馆特色。

（三）现代图书馆资源的组织战略管理对策

传统图书馆与现代图书馆相比，其组织结构按照职能划分部门，分层分级，形成一种金字塔式的组织结构。而现代图书馆把用户放在第一位，按照用户的需求设计组织结构。经过业务流程的重新调整之后，图书馆结构层次减少，向扁平化方向发展。

（四）现代图书馆资源的业务流程战略管理对策

现代图书馆将充分利用现代信息技术，发挥现代信息技术最大的功能，加快工作流程，为用户提供方便，节省时间。而传统图书馆落后的业务流程不仅降低了现代信息技术的工作效率，而且计算机、网络往往只是一种摆设，并没有最大程度地发挥作用。因此，现代图书馆的建设需要对传统图书馆的业务流程进行改变和组建，将支离破碎的业务流程重新组合在一起。

（五）现代图书馆资源的文化战略对策

现代图书馆应该具有它特有的文化内涵，这样可以统一全体员工的意志，激发工作人员的热情，为复合图书馆资源建设提供源源不断的动力。现代图书馆资源的文化建设要树立以人为本的理念，增强创新文化建设，塑造和谐的文化，营造发展的文化氛围，加强文化制度建设。

（六）现代图书馆资源的用户服务战略对策

信息资源管理是现代图书馆采取的一种新模式，它是以用户为中心和需求导向为价值取向的服务方式，是在传统服务方式基础上进行延伸和拓展的。复合图书馆的服务是开放性的，需要建立面向用户的开放服务体系。

三、现代图书馆资源战略管理的发展要求

（一）图书馆资源战略管理可持续发展的环境

科学发展观的贯彻和落实必须坚持一切从实际出发，按照客观事物的本质去认知世界，正确地反映客观事物及其内在的规律性，从而用正确的理论指导工作实践。图书馆作为全国文化体制改革的重要阵地，我国已经开始对图书馆的管理体制进行试点改革，即组织机构、人事制度、聘用制度、薪酬制度、管理创新和服务创新。此外，图书馆文献资料正从单一媒体到多媒体，图书馆工作人员正从书籍保管者到信息提供者，图书馆馆藏正从自身到无边，图书馆业务发展正从日建到外包，图书馆服务正从按时提供到及时提供，图书馆服务模式正从用户来馆到图书馆工作人员到用户中间的方向发展。

（二）图书馆资源战略管理要做好统筹协调

科学发展观指出："全面发展就是要以经济建设为中心，全面推进经济、政治、文化建设，实现经济发展和社会全面进步。协同发展，就是统筹城乡发展、统筹区域发展、统筹经济社会发展、统筹人与自然和谐发展、统筹国内发展和对外开放，推进生产力与生产关系、经济基础和上层建筑协调，推进经济、政治、文化建设的各个环节、各个方面相协调。"这表明，不能有与经济建设等方面的不协调，即非科学的发展问题。公共图书馆资源战略管理的工作是文化事业中的一方面，必须积极主动跟上全面发展和协同发展的脚步。

（三）图书馆资源战略管理要做到全面创新

图书馆资源战略的管理创新内容包括技术创新、制度创新、观念创新和管理创新。在技术方面，要善于引进、利用并开发高新科学技术，利用计算机及网络以及先进设备，建设创立数字化图书馆资源战略管理模式。在服务方面，图书馆要立足于自身，善于整合资源，发挥整体归一优势，以用户实际需求为导向，开发图书馆信息工作的新特色，为用户提供更富有特色、专属、高质量、高效率、高层次的信息服务和信息产品。图书馆的信息服务也是一个品

牌。图书馆要通过不断的创新与再创新，从而加强与扩大图书馆的影响力及知名度。想要实现这些目标，不仅仅要完成多元化、创新型的信息服务、信息产品工作，还要有创新型的营销战略。

（四）图书馆资源战略管理要做到坚持以"人为本"

图书馆资源战略管理的可持续发展工作的实现，要做到坚持"以人为本"的原则。"以人为本"即以图书馆管理工作的服务对象——广大人民群众为本。图书馆资源战略管理工作必须做到时刻关注人民群众的实际需要，并以此作为发展该项事业的实质性目标。这一过程中，图书馆还要根据人民群众对文化的实际需求随社会发展进步的不断变化，调节其自身发展方向。

（五）图书馆资源战略管理要实现共建共享

文献信息资源是稳定、绿色、系统、可重复利用的人类文明的历史记录和人类知识的积累与传承。在人类社会知识化和信息化的发展进程中，文献信息资源具有基础性作用及战略性地位。现代社会早已进入网络信息时代，网络技术和信息技术迅猛发展，在这样的社会背景下，文献信息资源共享即将迎来一个崭新的时代。资源实现共建共享是图书馆可持续发展的主要途径，是图书馆实现降低成本、优势互补、方便用户、互通有无、有效增值的快捷方式。如果能够营造出一个开发利用文献信息资源的良好环境，有利于减少图书馆情报部的人力、物力及财力。

第三节　现代图书馆资源战略管理的制定与实施

一、现代图书馆战略管理的制定

（一）现代图书馆在信息社会中的定位

要创建现代图书馆，必须对以下方面有一定认识：图书馆的社会价值来自于其自身的相关工作或自身向社会方面提供的服务以及社会方面对图书馆的实际需求程度。现代图书馆若想在迅速进步的网络信息社会中获得发展，实现自身的社会价值，得到社会的一致认可，就必须要向社会提供高质量、高层次的信息服务。相对于传统的观念，现代图书馆需要突出强调：直接支持不等于以赢利为目的，而是要鉴于自己的使命，如撰写论文综述、提供情报内容检索等。最后，现代图书馆也要为政府提供一定的服务，保证政府相关决策的信息需求。当然，如果这方面工作得以实现，成功吸引政府的目光，还可以使之增加对图书馆的投资。

（二）现代图书馆宏观发展方向

现代图书馆宏观发展方向主要为图书馆联盟。图书馆联盟是指以地域、图书馆类型、学科领域等为基础建立的，以一个中心机构为中心，其他机构负责协调和管理，共同协同性地执行一项或多项资源共享计划的正式图书馆合作组织，从而实现图书馆的宏观发展。图书馆联盟项目得以实现，就可以使各个成员馆更加经济、更加高效地实现各自的发展目标，使信息资源得以最大限度的开发和利用，使用户或用户信息需求得以最大程度的满足，实现整体效果大于部分效果之和。从而使层级性的信息资源管理协调系统得以建立，各类信息资源的开发重点、布局方式得以制定。按照不同区域和学科的特点，规划安排不同级别信息节点的资源建设工作，以减少重复，从而提高工作效率。

（三）现代图书馆微观发展方向

现代图书馆微观发展方向主要是复合图书馆。鉴于网络信息技术的迅速发展，信息的传递极为方便，就有人大胆提出未来的图书馆将是数字化图书馆，那时图书馆的实体可能就没有存在的价值。实际上，图书馆的发展不是指单一化、传统化的图书馆模式，而是既要继承传统图书馆较为成熟的信息检索、信息分类技术，又要发展现代的计算机检索、超文本链接、横放多媒体检索等信息技术；既要开展基础的借阅服务模式，又要开拓网络检索与导航等新型服务方式和服务领域。

二、现代图书馆战略管理的实施

（一）图书馆的宏观管理

根据现代社会的不断发展，未来图书馆将积极主动促进图书馆联盟的发展，开展更多元化、多方面、多层次的图书馆合作，实现真正意义上的资源共建共享。这样一来就需要各个图书馆之间不断加强协调，国家的宏观管理也是必不可少的。但与一般的宏观管理模式不同，国家的宏观管理模式主要是将重点落实在协调及支持上，便于促进现代图书馆联盟工作的开展。现在的方法战略是，国家可以成立专属的图书馆联盟建设管理委员会，管理委员会一方面可以制定出台建设图书馆联盟的相关政策制度，给予政策上的基本保障及资金上的充分支持；另一方面，由于网络信息技术的快速发展，图书馆联盟工作将更加依托于网络的大环境，管理委员会需要建立基于计算机网络的图书馆管理协作系统。鉴于这些方面的考虑，国家相关机构和各级政府要全面、深层次负责现代图书馆协作网络的组织与规划、协调与发展、监督和管理等方面的工作，加强政策基本导向，实施投资倾斜举措，积极开发网络应用软件，采用标准化信息技术，与国际信息网络接轨。除此之外，各行各业的相关系统要着手建立专属系统内全国性的图书馆联盟，同时加强以地区中心为主导的省级或地区性的图书馆联盟。

（二）图书馆的业务流程

传统图书馆的业务流程是指从图书馆的自身工作出发，按分工理论，将图书馆的业务工作详细划分为不同的部门部署，一本书从入馆到与用户或用户见面，要经过采购、登记、查重、分类、编目、上架等几十道工序，每道工序又详细划分到不同的部门，部门之间协调困难，工作效率低，浪费了大量的时间。传统图书馆落后的业务流程严重降低了现代信息技术的工作效率，计算机、网络通常只是一种摆设，或者其只发挥了一小部分的作用。所以，复合图书馆的建立工作想要得以实现，就有必要对传统图书馆的业务流程进行重组，将传统图书馆那些支离破碎的业务流程重组在一起。比如，可以把原先按部门的组织形式转变为以一个工作小组为基本单位，每一个小组全权负责一个主题下的文献采购、登记、分类、编目、入库等工作，这样一来，就可以大量减少各个部门之间可能的摩擦。图书馆要不断加强利用信息网络传递信息，从而避免了重复信息的产生，全面提高工作效率。

（三）图书馆的组织结构

传统图书馆的组织结构一般是按照职能来划分部门的，分层分级，从而形成一种金字塔式的组织结构。但复合图书馆是把用户或用户放在第一位，从用户或用户的角度出发，设计组织相关组织结构。业务流程再造之后，图书馆的结构层次就会大量减少，从而向扁平方向发展。组织层次减少与决策层次下移总是紧密联系的。如果决策层次下移，管理人员传统职能就会削弱，管理人员数量也会相应减少，最终管理层次也势必有所减少，这就赋予了图书馆工作人员更多的主动权，也就真正实现了集权与分权的有机结合，从而实现现代图书馆整体化的管理更合理、更有效率。

（四）图书馆的信息资源建设

在不同区域、不同类别图书馆的互借与资源共享的前提下，利用有限的公共经费，购买获得重要的、适用性强的印刷本图书，注重利用开放获取资源，如学科知识库、机构知识库和开放获取期刊等，从多个角度来丰富数字化馆藏；加强网络电子期刊的订购与管理，注重新型媒体文献的入藏，如数据库、光盘文献、教学软件、音像制品、游戏软件等；加强各种类型的数据库建立建设，有目的性、有选择地将传统馆藏文献转化为相应的电子资源；大力加强馆际间的交流合作，加强全国性的各种文献资源保障体系建设工作。鉴于用户或用户对信息资源的个性化和多样化的需求，针对多类型、庞大的、多传递渠道的信息资源的整合，复合图书馆的信息资源建设有必要进行快速的、有效的资源整合。在此基础上，复合图书馆的信息资源建设还要突出强调本馆的专属特色。

（五）图书馆的人力资源管理

图书馆要对图书馆相关工作人员提出更高、更严格的要求，需要图书馆相关工作人员能够进行角色相互转变。这样一来，就要求他们不仅要具备图书馆学、情报学等专业的知识背景，更要有数据库的建立与管理能力、信息网络环境下的信息搜集和处理能力、信息检索工具的生成与使用能力、网络信息的查询与利用能力、计算机操作与处理能力以及人际交往的能力，树立开放观念、服务观念、用户观念、经济观念、效益观念、资源共享观念。同时，经过业务流程再造的复合图书馆，不再是一个人只做一种工作，有可能一个馆员会参与整个业务流程，其将被赋予更大的工作自主权，可以在各自的工作范围内做出与工作相关的各种决定。

第四章　信息技术背景下的数字图书馆与数字信息资源

第一节　数字图书馆概述

一、数字图书馆是一个没有边界的分布式合作体系

从理论上讲，数字图书馆是没有边界的，其长远目标是使任何人在任何时间和任何地点，都可以通过与互联网连通的任何设备，获得所需任何信息与知识。但这个目标绝不只是依靠一个数字图书馆系统就可以实现，它需要依靠全世界各个数字图书馆系统共同构成的一个信息服务网络来实现。如今，随着网络触角越来越迅速地向世界各个角落延伸，基于网络的数字图书馆分布式共享合作体系也日益发展完善，并已在信息服务的诸多领域产生显著影响。此外，随着各国数字图书馆建设的不断发展，实现跨国界的数字图书馆共建共享已成为全球共识，合作的内容涉及资源共建、服务共享、标准规范研制、管理协调等诸多方面。可以预计，未来数字图书馆建设将走向更为广泛的合作与协同服务。

近年来，在中央和地方各级政府的大力支持下，一些国家性、行业性与地区性数字图书馆项目得以启动，一个由国家、地区、行业、个体构成的分布式数字图书馆体系结构逐渐形成，并朝着规范化、系统化的方向发展。

正在建设中的国家数字图书馆是我国数字图书馆体系的核心，其重点致力于解决关系全局的重大问题，包括制定各数字图书馆系统的统筹规划与分工协作原则、建立相互操作机制和组织协调机制、建立标准规范体系和开放建设机

制、探索知识产权解决方案等，在全国各个数字图书馆系统的建设和发展中发挥着重要作用。2011年5月，为了进一步以技术手段打破不同行业、不同地域图书馆之间的界限，建设互联互通的数字图书馆系统平台和分布式资源库群，整体提升我国各级图书馆的数字化服务水平和服务能力，文化部（现为文化和旅游部）财政部共同推出了"数字图书馆推广工程"，全面启动和部署数字图书馆推广工程建设工作。工程建设的核心是以国家数字图书馆为核心，依托各省级数字图书馆，建立若干数字资源建设中心、数字资源保存中心和数字资源服务中心，构建分级分布式海量公共文化资源库；建立以国家数字图书馆为核心，以省级数字图书馆为节点的文化虚拟网；积极打造优秀中华文化集中展示平台、嵌入公众生活的全民终身学习平台和国际文化交流平台。"一库一网三平台"的建设目标深刻体现了未来数字图书馆在进一步实现大规模应用推广过程中，围绕资源、服务、技术、管理等方面深入展开分布式合作的大致框架。

各行业、各系统数字图书馆是我国数字图书馆体系的骨干力量，是行业数字信息资源建设与服务的中心，是国家数字信息资源建设与服务的重要组成部分，其建设主要侧重于行业内数字图书馆建设的协调，行业信息和特色资源的建设，面对本行业用户的信息资源服务系统的建设。如中国高等教育数字图书馆（CADLIS），经过十多年的发展，已逐步建成了由4个全国中心、7个地区中心、22个省级中心形成的"全国中心—地区中心—高校图书馆"三级文献保障模式的服务网络，建成了2个数字图书馆技术中心和14个数字资源中心，形成了一套成熟的支持TB量级的数字对象制作、管理与服务的技术平台，实现了多媒体、虚拟现实等技术在数字图书馆中的应用。

此外，以广东数字图书馆、上海数字图书馆、浙江网络图书馆为代表的地区性数字图书馆，以清华大学建筑图书馆为代表的专题数字图书馆，以及以中国知网（CNKI）为代表的商业性数字图书馆等，也是我国数字图书馆分布式合作体系的重要组成部分。

应当指出的是，数字图书馆是一个跨学科的系统工程，还其建设与发展不只是图书馆的使命，需要计算机科学、法律、经济、人文社会科学等多方面的合作与参与。国外数字图书馆建设一直都很重视跨领域的合作。美国数字图书馆先导研究计划一期工程的六个项目由六所大学的研究机构主要负责，参与主体还包括数字图书馆的用户（如特定的研究团体和信息使用者）、商业公司（如出版商、软件商、设备制造商、通讯公司等）、公共或私营信息提供商（如图书馆、数据库、政府或私营信息服务机构等）、相关的计算机和其他科学技术研究团体（如学术性团体、超级计算机中心和商业化试验室等）。在美国数字图书馆先导研究计划二期工程中，涉及的学科领域和机构更为广泛。在国内数字图书馆建设中，也引入了一些跨领域的合作力量。如国家数字图书馆工程与中科院计算所等研究机构在技术平台与软件系统搭建上的合作研究与实践。近年来，在政府支持的国家级或行业性数字图书馆项目的实施中，跨领域合作日趋完善。

二、数字图书馆是一个技术密集型系统工程

现代信息技术给传统图书馆工作方式带来的变革是深刻而全面的，数字图书馆更是直接构筑于现代信息技术基础之上，并依赖现代信息技术的发展而发展。数字图书馆发展的每一个阶段，围绕数字资源生命周期的每一个环节，从资源的采集到存储、加工到整合、传播到利用，都离不开现代信息技术的辅助。

斯坦福数字图书馆项目的目标是设计和实现数字图书馆资源创建、发布、共享和管理所需要的技术框架与服务。该项目以信息的共享和传播模式、用户界面及信息检索服务为研究重点，为不断出现的网络化信息资源提供通用的检索方法，从而创造一个信息共享的环境。卡内基梅隆大学 Informedia 数字影像图书馆项目的目标是建立一个大规模的联机数字影像图书馆，实现全内容的、基于知识的查询和检索。它综合应用了图像处理、语音识别、自然语言理解、视频分析的最新技术，展示了计算机多媒体信息处理的无限可能，为数字图书馆多媒体信息资源的处理奠定了技术基础。

然而，技术也曾令人迷惑，甚至一度引发了图书馆领域"技术"与"人文"的激烈争辩。在这场争论中，很多的专家学者都对数字图书馆建设过程中"技术至上主义"趋向表达了深深的忧虑。范并思教授在《信息化浪潮中的人文精神》一文中，对当前图书馆界"在引进信息技术时，过分偏爱技术，而忽略技术研究中的'人文因素'"的现象做了深刻批评。技术在未来数字图书馆建设中究竟应该发挥什么作用，或者说应该怎样发挥作用，值得业界同行深思。

应当再次强调，对技术的依赖是数字图书馆的显著特征。当前，数字图书馆建设与服务中，还有很多关键技术问题没有得到很好的解决，并且随着现代科学技术的发展，以及人们对信息需求的持续变化，未来的数字图书馆建设还将面临很多新的技术难题。如最近几年出现的 Web 2.0 技术、关联数据、物联网以及云计算技术，在数字图书馆美好蓝图增色添彩的同时，也给领域内的技

术适应性研究带来了新的挑战。

　　此外，也应当认识到，数字图书馆作为"图书馆"，在其技术研究、应用与发展过程中，始终贯穿着人文维度。当前，数字图书馆建设和服务中，对技术的滥用有一定的普遍性。如将射频识别（RFID）技术简单理解为自助借还工具，将移动数字图书馆简单理解为图书馆网站适应移动终端的改版，缺乏对技术应用潜力的深层次挖掘，更缺乏以"图书馆"社会职能为核心对技术应用的具体规划和评价。在中国图书馆学会 2010 年的学术年会上，时任上海图书馆馆长吴建中做了题为《创新型社会中图书馆的责任》的报告，提出了图书馆新技术应用"可持续发展"问题，针对图书馆在应用新技术的过程中，完全摒弃旧有传统系统，或仅从工具范畴应用新技术改造旧有系统的两个极端，分别提出了在范式转型时期"创建适应需求的全媒体图书馆"和"重新设计图书馆"的观点。一方面，他强调在发挥数字新媒体功能的同时，还要继续发挥传统媒体的优势，以适应转型时期的不同需求；另一方面，他又提醒人们注意"传统图书馆的惰性阻碍现代图书馆发展"的趋向，反思 MARC 对卡片的迁就、RDA 推行的阻滞，以及图书馆网站设计思想的守旧。在上述报告中，吴建中馆长已经很清晰地表达了将图书馆发展的人文思想与技术创新有机结合的观念，而且值得注意的是，其中的技术因素已不再仅仅被当作简单而纯粹的工具手段，技术创新本身包含着的丰富的人文思想受到极大重视，在这一认识基础上，图书馆的技术发展才得以具备长远的战略意义。

　　如今，数字图书馆建设已在世界范围内全面展开，并日益成为新时期人们方便、快捷获取信息资源的重要通道。未来数字图书馆将沿着什么方向发展，将演变为何种形态，尚未可知。就目前来看，可以确定的是，未来数字图书馆将继续以技术为基础，更加注重对各种新技术和新媒体的使用，并进一步借助先进技术实现数字图书馆建设的愿景。

第二节　数字信息资源的界定

一、信息与信息资源的界定

（一）信息

1.信息的概念

信息对我们来说并不陌生，在实际生活和工作中，每个人无时无刻不在与各种各样的信息打交道，如接收信息、加工信息、利用信息。

在当今社会，人类与信息的关系就像人类与空气的关系一样重要。信息无处不在、无时不有，它已经成为人们现在使用率极高的词汇之一。信息究竟是什么？随着社会的进步和对信息的深入研究，人们对信息的认识和理解也在不断地变化。信息作为一个科学术语被提出和使用，可追溯到 1928 年哈特利（R. V. Hartly），在《信息传输》一文中的描述。他认为信息是指有新内容、新知识的消息。而关于信息，就有多种定义。

1948 年，美国的香农（C. E. Shannon）博士在其著作《通信的数学理论》中，给出了信息的数学定义，他认为信息是用以消除随机不确定性的东西，并提出信息量的概念和信息熵的计算方法，从而奠定了信息论的基础。控制论的创始人 Norbert Wiener 教授，1948 年在其专著《控制论－动物和机器中控制和通信的科学》中，阐述道："信息是我们在适应外部世界、控制外部世界的过程中，同外部世界交换内容的名称"；"信息就是信息，既非物质，也非能量"。Wiener 认为物质、能量和信息是人类社会赖以生存和发展的三大支柱。世界由物质构成，能量是物质运动的动力，而信息是人类了解自然和社会的依据。

1956 年，英国学者阿什比（Ashby）提出"信息是集合的变异度"，他认为信息的本性在于事物本身具有变异度。1975 年，意大利学者朗高（Longo）在《信息论：心得趋势与未决问题》中指出：信息是反映事物构成、关系和差别的东西，它包含在事物的差异之中，而不在事物的本身。

中国学者钟义信在《信息科学原理》一书重新将信息定义为"事物运动的状态以及它的状态改变方式，是物质的一种属性"。这里的"事物"不仅包括外部世界的客观物质，也包括精神世界的主观现象；"运动"是泛指一切意义上的变化，包括机械运动、思维运动和社会运动；"运动状态"是事物运动在空间上展示的形状和态势。

从哲学的角度来说，信息是事物运动的存在或表达形式，是一切物质的普遍属性，实际上包括了一切物质运动的表征。传播学研究的信息是在一种情况下能够减少或消除不确定性的任何事物，它是人的精神创造物。

只要事物之间有相互联系和相互作用的存在，就有信息发生。人类社会的一切活动都离不开信息，信息早就存在于客观世界，只不过人们首先认识了物质，然后认识了能量，最后才认识了信息。

信息是物质的普遍属性，是一种客观存在的物质运动形式，它在物质运动过程中所起的作用是表述它所属的物质系统，在同其他任何物质系统全面相互作用的过程中，以质、能波动形式所呈现的结构、状态和历史。在这个概念下，一切反映事物内部或外部互动状态或关系的东西都是信息。

2.信息的特征

（1）普遍性。信息的普遍性是指信息无处不在、无时不在。信息普遍存在于自然界和人类社会中，也存在于人类的思维或精神领域中。无论是自然界的鸟语花香、地震风雨、海啸雷鸣，还是人类社会中的语言文字、机械、建筑，无一不是信息的表现形式。

（2）依附性。信息要借助于某种符号表现出来，如文字、声音、图像等，而这些符号又要依附在纸张或其他物质上，如磁带、磁盘、光盘。

（3）可存储性。信息的存储性是指信息可以存储起来，以便传递和利用。它既可储存在人的大脑中，也可储存在计算机上。如我国古人将信息储存在铜鼎、绢帛、竹简、纸张上，现代人则可将信息方便地存储在胶片、磁带、光盘上等。

（4）共享性。与物质、能量不同，信息没有排他性，它可以共享。若用"物质能量"代替"苹果"，"信息"代替"思想"，萧伯纳的一段话讲清了信息与物质或能量的区别：倘若你有一个苹果，我也有一个苹果，我们彼此交换之后仍然各有一个苹果。但是，倘若你有一种思想，我也有一种思想，我们彼此交流之后便各有两种思想了。信息的这种特性，使我们可以通过教育和自学获得比实践更丰富甚至更深刻的知识、技能和情感。

（5）时效性。客观事物本身在不停地运转变化，信息是事物运动的状态和方式，信息也在不断地发展更新。因此，信息的存在有着一定的时效性，或者说传播信息须必备时效观念。

（6）传递性。信息的传递是指信息可以通过多种渠道、多种方式进行空间和时间上的移动过程，该过程主要依靠光、电、声、磁、语言、表情以及文字表现出来。如烽火传军情、书信报平安。电报、电话、电视、高速信息网络等都是人类一直在不断改进的信息传递手段。

（7）价值相对性。信息的价值相对性是指信息可对社会经济活动产生有价值性的影响。如把信息作为一种资源，进行有价转让或出售等。

（8）可加工性。信息可以被加工处理后由一种状态或形式转换成另一种状态或形式，这就是信息的加工性。信息资源取之不尽、用之不竭，其加工、利用没有止境，而且投资小、见效快，对经济和社会的发展有着不可估量的作用。当今社会，谁抢占了知识信息高地，谁就掌握了主动权、制胜权。图书馆信息的开发与利用就是为了适应时代发展的需求。

（9）客观性。信息是客观现实的反映，不随人主观意志的改变而改变。如果人为地篡改信息，那么信息就会失去它的价值，甚至不能称之为"信息"了。

3.信息的作用

信息的作用与信息的形态密不可分，往往融合在一起。打个比方，信息的形态是指信息"是什么模样"，而信息的作用是指信息通过它的形态"能干什么"。信息的作用过程：当系统注入信息后，其内部要素或外部行为受到一种附加的引导作用和制约作用，从而在时间有序、空间有序、逻辑有序等方面进行重新排列组合，改善了各内部要素之间在功能上相互作用的协调性和相干性，提高了有机系统整体的功能效应，使系统所输出的广义有序化能量（价值量）大于它所输入的广义有序化能量。

（1）消除不确定性。每一个系统都由许多元素组成，而每一个元素由若干个逻辑的、时空的、物理的参量来决定其存在状态或运动状态。对于同一个参量，如果系统中所有元素都能够按照特定的逻辑规则或物理规则进行排序，那么这个系统的所有元素就是完全确定的，或者说是完全有序的；相反，对于同一个参量，如果系统中所有元素的排序没有任何逻辑规则或物理规则，那么这个系统的所有元素就是完全不确定的，或者说是完全无序的。大多情况下，系统中所有元素的排序介于完全确定与完全不确定之间，或者说介于完全有序与完全无序之间，既存在一定程度的有序性，又存在一定程度的无序性。由此可见，"消除不确定性"就是"增强确定性"或"减少不确定性"，或者说是，"提高有序性"或"降低无序性"。

（2）提高功能有序性。如何衡量系统的有序性呢？如何计算系统的有序化程度呢？协同学的创始人哈肯（Herman Haken）提出用序参量来描述一个系统宏观有序的程度，用序参量的变化值来刻画系统从有序向无序转变的情况。他认为当系统处于完全无序的混沌态时，其序参量为零；当外界条件接近临界区域时，序参量增大；最后在临界点时，序参量的突变意味着宏观有序结构的出现。但是一个系统的变量有成千上万，究竟应该选择哪一个或哪几个变量作为其序参量呢？对此，他又提出用所谓"长寿命"的序参量作为参量，通过"伺服原理"来最大限度地消除方程中的大量自由度。然而，即使这样，仍然存在许多自由度无法消除。一般来说，耗散结构的序参量方程的求解是非常困难的，甚至是根本不可能的。因此，采用序参量来描述一个系统宏观有序的程度，是不现实和不科学的。序参量只能用来反映耗散结构的"结构有序化程度"，而不能用来反映"功能有序化程度"，其结果是把人们引向一个理论误区，使人们错误地把耗散结构的某些结构特征作为其有序程度的客观尺度，从而混淆"结构有序"与"功能有序"。

由此可见，系统的有序性可分为结构有序性与功能有序性两种。用以描述各个元素的存在状态或运动状态的参量就是"功能特性"，系统中所有元素都能够按照特定的逻辑规则、时空规则或物理规则对"功能特性"这种特殊的参量进行排序，这种有序性就是功能有序性。由此可见，功能有序性是一种特殊的结构有序性，是一种"活"的结构有序性，而一般的结构有序性是"死"的有序性。人类获取和使用信息的客观目的不是为了抽象意义地消除其结构上的不确定性，而在于实实在在地增强自己生存与发展的能力，即增强其功能上的有序性。信息的本质应该从它的功能特性去理解和定义，而不能从它的结构特性去理解和定义。因此，对于各种生命机体及人类的耗散结构来说，信息的根本作用在于"提高功能有序性"，而不是"提高结构有序性"。

"消除不确定性"只能描述信息对耗散结构的结构特征的影响情况，而不能描述信息对耗散结构的功能特征的影响情况，因而不能作为信息的本质内涵。有些信息虽然在消除主体的不确定性上具有相等的作用，但对于主体生存与发展的意义可能存在着很大差异。维纳所提出的信息量计算公式实际上只能描述信息的形式模量，而不能描述信息的功能特性，更不能描述信息对于耗散结构的意义或价值关系。维纳还提出了信息量是负熵的观点.

（二）信息资源

1.信息资源的概念

信息同能源、材料并列为当今世界三大资源。信息资源广泛存在于经济、社会各个领域和部门中，是各种事物形态、内在规律、与其他事物的联系等各种条件、关系的反映。随着社会的不断发展，信息资源对国家和民族的发展、人们的工作和生活至关重要，成为国民经济和社会发展的重要战略资源。它的开发与利用是整个信息化体系的核心内容。作为资源的信息必是完全不同一的。只有时机适宜，才能发挥效益。

作为资源，物质为人们提供各种各样的材料；能量为人们提供各种各样的动力；信息为人们提供各种各样的知识。

信息是普遍存在的，但并非所有的信息都是资源。只有满足一定条件的信息才能构成资源。对于信息资源，有狭义和广义之分。

狭义的信息资源，指的是信息本身或信息内容，即经过加工处理，对决策有用的数据。开发利用信息资源的目的就是为了充分发挥信息的效用，实现信息的价值。

广义的信息资源，指的是信息活动中各种要素的总称。"要素"包括信息、信息技术以及相应的设备、资金、人等。

狭义的观点突出了信息是信息资源的核心要素，但忽略了"系统"。事实上，如果只有核心要素，没有"支持"部分（如技术、设备），就不能进行有机的配置，不能发挥信息作为资源的最大效用。

归纳起来，可以认为，信息资源是由信息生产者、信息、信息技术三大要素组成的。

（1）信息生产者是为了达到某种目的而生产信息的劳动者，包括原始信息生产者、信息加工者或信息再生产者。

（2）信息既是信息生产的原料，也是产品。它是信息生产者的劳动成果，对各种社会活动直接产生效用，是信息资源的目标要素。

（3）信息技术是能够扩展人的信息处理能力的各种技术的总称。信息技术作为生产工具，为信息收集、加工、存储和传递提供支持与保障。

2.信息资源的特征

与自然资源相比，信息资源具有以下几个特点。

（1）能够重复使用，其价值在使用中得到体现。

（2）信息资源的利用具有很强的目标导向，不同的信息在不同的用户中体现不同的价值。

（3）具有整合性。人们对其检索和利用，不受时间、空间、语言、地域和行业的制约。

（4）它是社会财富，任何人无权全部或永久买下信息的使用权；它是商品，可以被销售和交换。

（5）具有流动性。大数据背景下的信息资源流动在各个层面都具有显著差异，典型体现在数据规模大、关联性强、复杂度高。

信息资源作为经济资源具有以下几个特征。

（1）作为生产要素的人类需求性。人类从事经济活动离不开必要生产要素的投入。信息资源不仅是一种重要的生产要素，还是非生产要素的促进剂，可以通过与这些非生产要素的相互作用，使其增值。

（2）使用方向的可选择性。信息资源与经济活动的结合，使信息资源具有很强的渗透性，它可以渗透到经济活动的方方面面。同一信息资源可以作用于不同的对象上，并产生多种不同作用效果。经济活动行为者可以根据这些作用效果在信息资源的使用方面进行选择。

（3）稀缺性。在既定的技术和资源条件下，经济活动行为者由于人力、物力等方面的限制，其信息资源拥有量是有限的。与物质资源、能源资源相比，信息资源具有以下几个特征。

（1）共享性。信息资源在一定的时空范围内可以被多个认识主体接收和利用。信息资源的共享性是信息资源与物质资源、能量资源的根本区别。

（2）时效性。一般来说，越新颖、越及时的信息资源，其价值越高。因此，应尽可能缩短信息资源的采集、存储、加工、传输、使用等环节的时间间隔，提高信息资源的价值。

（3）动态性。信息资源是一种动态资源，呈现出不断丰富的趋势。

（4）不可分性。信息资源的生产在理论上具有潜在的、无限大的规模经济效应，其使用过程是不可分的，人们只使用一部分是没有价值的。

（5）不同一性。作为资源的信息必须是完全不同一的。不同一性是信息资源的重要特性。

（6）支配性。信息资源具有开发和支配其他资源的能力。

3.信息资源的作用

信息资源在当今社会经济发展中扮演着重要的角色。开发利用信息资源的意义在于通过不断采用现代信息技术装备国民经济各部门和社会各领域，可以有效减少物质与能量的消耗，扩大物质与能量的作用，从而极大地提高社会劳动生产率，有利于实现国民经济的可持续发展。

信息资源已成为当今社会的核心资源。信息时代的到来，使包括资料、数据、技术、消息、信誉、形象等在内的信息资源作为一种重要的生产要素和无形资产，在财富创造中的作用越来越大。不仅如此，信息资源还为实现供需双方的有效对接搭建了平台。企业通过互联网获得全球的市场信息，包括技术、产品、需求等，使新产品的开发从掌握市场信息、确定产品概念到开发、设计、制造同步进行，大大缩短了开发周期，提高了企业的竞争力。

信息资源的开发利用可有效降低社会的运营成本。在信息时代，人们的经济活动基本上是围绕信息展开的，信息流引导物流和资金流朝着合理的方向运动，使物流和资金流变得更加精准，使社会资源得到最大限度地的约和合理运用。企业可直接在互联网的虚拟市场上获得用户需求的信息，再进行规模化定制，减少库存甚至保持零库存，满足用户多样化、个性化的需要。通过信息资源的利用，还可降低市场调研成本，降低或避免由于信息不对称所造成的预测失误风险，使企业和消费者都从中受益。

二、数字信息资源

（一）数字信息资源的界定

数字信息资源是在计算机技术、通信技术和高密度存储技术的迅速发展并在各个领域里得到广泛应用的环境下产生的一种信息资源形式。它是经过数字化处理的，可通过计算机系统或通信网络等识别、传递、浏览的信息资源。狭义上也称为电子资源，指一切以数字形式生产和发行的信息资源。所谓数字形式，是能被计算机识别的、由不同序列的"0"和"1"构成的形式。数字资源中的信息包括文字、图片、声音、动态图像等，都是以数字代码的形式存储在磁带、磁盘、光盘等介质上，通过计算机输出设备和网络传送出去，最终显示在用户的计算机终端上。

数字信息资源具有以下几个优点。

（1）数字信息资源以磁性材料或光学材料为存储介质，存储信息密度高，容量大，且可以无损耗地被重复利用。

（2）数字信息资源以现代信息技术为记录手段，以机读数据的形式存在，可在计算机内高速处理，可借助通信网络进行远距离传播。

（3）数字信息资源内容丰富，既可以是文字、图表等静态信息，也可以是集图、文、声、像于一体的动态多媒体信息，且各种类型的数据又可借助计算机实现任意的组合编辑。

（4）数字信息资源具有通用性、开放性和标准化的数据结构，在信息网络环境下，被每一个用户所使用，是一种具有共享性的信息资源。

（5）数字信息资源具有高度的整合性。它不受时间、空间限制，可以实现跨时空、跨行业的传播。

（三）数字信息资源的类型

1.按照数字信息资源的性质和功能划分

（1）一次文献。一次文献是反映最原始的思想、成果、过程以及进行分析、综合和总结的信息资源。

（2）二次文献。二次文献是通过对一次文献进行加工、整理，使人们便于利用的信息资源，如网络资源学科导航、分类指南等。二次文献可以把大量分散的一次文献按学科或主题集中起来。

（3）三次文献。三次文献是对二次文献进行综合分析、加工、整理的信息资源，如专门用于检索搜索引擎的搜索工具。

2.按照数字信息资源的生产途径和发布范围划分

（1）商用电子资源。商用电子资源也称正式电子出版物。

（2）网络公开学术资源。网络公开学术资源是半正式出版物，包括各种学术团体、行业协会、政府机构、商业部门、教育机构等在网上正式发布的网页及其信息。

（3）特色资源。特色资源也是半正式出版物，主要包括基于各教育机构、政府机关、图书馆的一些特色收藏制作。

3.按照数字信息资源的载体划分

光盘数据库、网络数据库、联机数据库等。

4.按照数字资源的学科划分

生物学、医学、地球物理、天文学、建筑学等。

（四）数字信息资源的主要形式

1.数据库

数据库是数字信息资源最早的形式。按照所含信息的内容，数据库可以划分为以下几种类型。

（1）文献书目数据库。它是存储某个领域原始文献的书目，即二次文献数据库。如美国工程索引数据库（EiCompendex），英国科学文摘数据库（INSPEC），美国化学文摘数据库（CA）等。

（2）数值型数据库。它是以数据形式表示信息的一种源数据库。

（3）事实型数据库。它包含对客观事物的概念、属性和变化情况的描述信息。这类数据库也称为信息指南数据库。

（4）全文本数据库。它是存储文献内容全文或主要部分的数据库，简称全文库。

（5）图像数据库。它是以数据库方式组织的图像信息的集合。图像数据库为用户提供的是图像数据和图像数据的检索方法。如通过卫星遥测得到的地形图信息库、天气云图信息库。

（6）图形数据库。它是以数据库方式组织的图形信息的集合。

（7）多媒体数据库。它是数据库技术与多媒体技术相结合的产物，是将文本、图形、图像、声频、视频等多种媒体数据结构结合为一体，并统一进行存取、管理和应用的集成数据库。

2. 网络信息资源

网络信息资源极其丰富，其内容涉及农业、生物、化学、数学、天文学、航天、气象、地理、计算机、医疗和保险、历史、法律、政治、环境保护、文学、商贸、旅游、音乐、电影等专业领域，它是知识和信息的巨大集合，是人类的资源宝库。

随着互联网发展进程的加快，信息资源网络化成为一大潮流，与传统的信息资源相比，网络信息资源在数量、结构、分布和传播的范围、载体形态等方面都显示出新的特点。

（1）以网络为传播媒介。传统的信息存储载体为纸张、磁带、磁盘等，而在网络时代，信息的存储需要借助一种不同于以往载体的信息载体——网络，它是以虚拟化的状态展示的，为用户提供的信息是来自各种网络服务器上的虚拟信息，而不是实实在在的实体形式的信息。信息的存储和查询更加方便，而且存储信息密度高、容量大，可以无损耗地被重复利用。

（2）以多媒体为内容特征。因特网上信息资源的存储和处理采用文本、超文本、多媒体和超媒体 形式。

超文本技术，尤其是多媒体和超媒体技术的发展和应用，使网络信息的组织方式不仅以知识和信息为基本单元，而且能充分展示这些单元之间的逻辑关系。网络信息资源也由传统的顺序、线性排列发展到可以按照信息自身的逻辑关系组成相互联系的、直接的、非线性的网状结构。

文本形式的信息资源的知识单元是按线性顺序排列的。用户阅读时，是跟随文本的线性流向逐级向下浏览，当需要了解某一内容的相关信息时，需要另外查阅相关参考资料。

超文本形式的信息资源是按知识单元及其自身的逻辑关系建立的知识结构网络。它通过网上各节点的链路把相关信息（文字、图片、地图和其他直观信息）有机地编织在一个网状结构内，检索用户能够从任何一个节点开始，从不同角度检索到感兴趣的信息。超文本信息资源是人——机交互式的，可随时调用、检索和存储信息。

多媒体信息资源是包括文本、图像和声音在内的各种信息表达或传播形式的总称。它可以为用户提供文本、图像、声音信息以及它们的组合。

（3）表现形式多样化。传统信息资源主要是以文字和数字形式表现出来的信息。而网络信息资源则以文本、图像、声频、视频、软件、数据库等多种形式存在，涉及经济、科研、教育、艺术，包含的文献类型有电子报刊、电子工具书、商业信息、新闻报道、书目数据库、文献信息索引、统计数据、图表、电子地图等。

（4）传播方式的动态性。网络环境下，信息的传递和反馈快速灵敏，具有动态性和实时性等特点。信息在网络中的流动性非常强，电子流取代物流，加上无线电和卫星通信技术的充分运用，上传到网上的任何信息资源都只需数秒钟就能传递到世界各地的每一个角落。

（5）信息价值参差不齐。印刷型文献信息一般要经过严格的筛选，才能正式出版。面向网络发布的信息有很强的随意性，缺乏必要的过滤、质量控制和管理体制，这就导致网络信息内容非常繁杂，学术信息、商业信息与个人信息混在一起。实际上，在这庞杂的网络信息资源中，只有一部分能够真正用于图书馆的用户服务中。

（6）存在状态的无序性、不稳定性。当前，对网络信息资源的组织管理尚处于探索研究中，没有统一的标准和规范。例如查找"图书馆"方面的信息，不同的网站，路径也不同：华好网景—教育—图书馆；雅虎中文—参考资料—图书馆；北极星—文化与艺术—文化场馆；搜狐—综合参考—图书馆；中国导航—教育与科技—图书馆；常青藤—参考信息—图书馆；网易—医疗健康—

图书馆。而且，因特网上的 UEL 地址、信息链接、信息内容处于经常变动中，信息资源的更迭、消亡无法预测。这种变化频繁的、不稳定的网络信息资源给用户带来极大不便。

（五）数字信息资源的影响

1. 对社会生活的影响

数字化信息无处不在。所有的文字、字母、符号等已经被数字化，人们已经不常用笔来写文章或信了，只需用输入法把文字直接输入计算机，并用 word、wps 等软件进行编辑、修改、排版和打印，既轻松又方便。打印出来的文章的字体比手写的文章漂亮得多。数字化的文章可以很方便地存在小巧的 U 盘或硬盘中，随身携带，甚至可以直接通过网络立即传到世界任何地方。

大量的书籍、期刊等文献资料已经数字化。现在，人们无须亲自到图书馆，坐在家中就可以在任何时间通过网络方便地查找并阅览所需资料和信息。无数的音乐、电影、电视节目等已经数字化，它们被放在因特网上供人下载或在线欣赏。

数字化信息资源还带来了工作方式的变化，人们已经可以实现远程教学、远程会议、远程诊断、网上办公等。

信息数字化提供了丰富多彩的信息交流方式，如电子邮件、网上聊天、网络文学。人类从来没有像今天这样可以跨越时空界限，无拘无束地同许多认识或不认识的人交流，可以自由自在地在网络上展现自我。

信息资源数字化给我们带来了新的生产和管理方式。例如，管理信息系统（MIS）和企业资源规划系统（ERP）使生产效率大大提高；电子报关和报税、网上购物等电子商务活动促进了经济的繁荣。

2. 对文化的影响

（1）文化大融合。一部人类社会进步史，也就是一部文化大融合的历史，就以今天的中华民族文化来说，便是融合了千千万万个部落及其文化后形成的。进入数字时代，互联网的出现使文化融合进一步加快。

（2）提高公民道德文化素质水平。

①加强文化素养。终身教育是提高公民文化修养的重要途径之一，而数字化信息资源比以往任何时候都能提高收集和使用知识的效率。用户通过互联网就能学习知识、提高文化素养。这对启迪广大公众的创造力、激发人才潜能有着潜移默化的作用。

3.对经济的影响

（1）展示地方特色。将各地优秀企业、优秀产品、旅游资源等信息资源数字化，通过互联网广泛宣传，让更多的人了解、认识并接受；同时，也可吸引国内外的投资经营者来投资，为企业和经济的振兴牵线搭桥，寻找新的经济增长点，拉动地区经济建设。另外，还可以此争取企业资助，筹措数字化建设资金，形成良性循环。

（2）服务民营企业。民营企业是不可忽视的力量，但许多中小型民营企业苦于无法得到所需信息而阻碍了发展。图书馆可通过数字化网络将这些企业组织起来，为其定期提供所需数字化信息，也达到沟通信息、互通有无、把握市场、持续发展的目的。

4.对法律的影响

（1）知识产权保护问题。随着网络的迅猛发展，信息资源数字化带来的版权问题越来越受到人们的关注。大量的作品正在越来越多的作品从传统形式转换为网络形式，并上网传播，在这一过程中，会不可避免地出现作品的权利人以及传统形式的邻接权人与网络形式的传播者之间的权利冲突乃至纠纷。目前，我国网络知识产权保护体系尚未完善，虽然已经制定了相关法律法规来约束网民的行为，但由于法律的滞后性和保守性，立法还远远不能适应网络技术的发展需求。网络侵权行为具有涉及地域广，证据侵权数量大、隐蔽性强等诸多特点。

对于网络技术的立法，还面临着确认难、取证难、侵权责任分担复杂等一系列的难题。

（2）信息安全问题。随着计算机技术的飞速发展，信息网络已经成为社会发展的重要保证。信息网络涉及国家的政府、军事、文教等诸多领域，存储、传输和处理的许多信息是政府宏观调控决策、商业经济信息、银行资金转账、股票证券、能源资源数据、科研数据等重要信息。其中有很多是敏感信息，甚至是国家机密，所以难免会受到各种人为攻击（如信息泄露、信息窃取、数据篡改、数据删减、计算机病毒等）。通常利用计算机犯罪很难留下犯罪证据，这也大大刺激了计算机犯罪案件的发生。计算机犯罪率的迅速增加，使各国的计算机系统，特别是网络系统，面临着很大威胁，并成为严重的社会问题之一。

第三节　数字信息资源的发展理论

一、数字信息资源的发展历史

数字信息资源是伴随着计算机的诞生而出现的，是随着计算机技术、通信技术、网络技术、存储技术、多媒体技术等的发展与融合而不断发展的，并且以传统信息资源难以比拟的优势渐渐成为信息资源的主体。

（一）数字信息资源的起源

1946年，第一台计算机在美国诞生。计算机采用二进制的"0"和"1"表述数据和指令，从此，信息的描述、表达和传播开始利用数字化形态。正是因为计算机实现了信息的数字化，从而带来了信息载体和信息传输介质的变革。

（二）数字信息资源早期的研究与探索

数字化信息成为信息资源最早的形式是书目数据库。1954年，美国海军武器中心图书馆基于IBM 701计算机，将文摘号和少量标引词存储在计算机中，进行相关性比较后输出检索结果文献号。由此诞生了世界上第一个文献信息的自动化检索系统。

1961年，美国化学文摘服务社采用题内关键词（keyword-in-context，KWIC）索引编制法编制了《化学题录》（chemical titles），机读磁带由此诞生。1964年，美国国立医学图书馆建成了医学文献分析与检索系统（medical literature analysis and retrieval system，MEDLARS），人们可以通过多种途径检索文献，这也标志着数据库的诞生。MEDLARS系统后来演变成了联机检索系统，目前它已成为世界上最大的、最权威的医学文献检索服务系统。到1965年，已经出现大约20个文献目录型数据库，这时数据库的存储介质为机读磁带，通过脱机批处理的方式进行检索，应用并不广泛。然而早期的研究与探索揭开了计算机化数字信息资源检索蓬勃发展的序幕，为后来联机检索系统的研制和应用奠定了基础。

（三）联机检索系统阶段的数字信息资源

20世纪60年代后期，集成电路计算机开始出现。信息存储技术、数字通信技术的不断进步，使得信息的远程传输和交换成为可能，信息资源检索进入了人机对话式的联机实时检索时期。联机检索促进了数据库的发展，由此出现了 Dialog（现已成为世界上最大的联机检索系统，隶属于 ProQuest 公司）、DataStar（现已并入 Dialog 系统）、欧洲空间局情报检索系统（europe space agency information retrieval service，ESAIRS）、STN（其网络版 STN Web 现已成为美国化学文摘服务社服务系统 CAS 的一部分）、Questel（合并原来位于欧洲的 Questel 和位于美国的 Orbit 这2个联机检索系统而成）、Medeline 等一批国际联机检索系统。到1975年，已经有大约300个联机检索数据库，并且出现了存取数值型信息的数值数据库和记录事实全文的事实性数据库。

（四）联机网络化和多元化检索系统阶段的数字信息资源

20世纪70年代中后期，大规模和超大规模集成电路技术、数据库技术、现代通信技术以及个人计算机的产生和发展将联机检索带入了网络化发展时期。发达的通信网络把联机系统的服务市场延伸到了世界各个角落，使用户在几分钟之内就可以查阅到远隔重洋的文献资料。到20世纪80年代末，联机数据库的数量达到了3600余个，数据库的信息容量大大增加，全文数据库的比例显著提高。由于光盘在存储上的优势，其被广泛应用于存储、检索数字信息资源，光盘数据库和检索系统得到迅速发展，并产生了一批光盘数据公司，如美国的 UMI 公司、银盘公司等。

（五）互联网时代的数字信息资源

进入20世纪90年代，互联网的快速发展使得基于网络开发的数字信息资源与检索系统有了突飞猛进的发展。互联网是通过遵循共同的数据交换协议而互联形成的全球性网络，其上分布存储着丰富的数字信息资源，如各种电子图书、电子报刊、电子新闻、网络论坛、软件资料、多媒体数字信息资源等。据调查，全球新产出的信息量每3年翻一番，大约90%的信息都以数码形式储存在某种计算机装置里。

越来越多的正式出版物也通过互联网进行发布和传播，互联网上的学术信息资源渐渐成为教学、科研等的重要信息来源。互联网上的信息资源系统采用超链接，方便了用户的检索，可检索的信息除了文本外，还包含了多媒体信息资源。互联网上的信息时效性强，获取便捷并且成本较低。鉴于互联网的种种优势，网络信息资源不仅成为数字信息资源的主体，而且在整个信息资源体系中的比重日渐增加。

二、数字信息资源的生命周期

数字信息资源的生命周期是指数字信息资源从生成到消亡的自然运动过程。根据数字信息资源的价值，可将其生命周期划分为 4 个阶段：一是生产阶段；二是现实使用阶段；三是暂时保存阶段；四是长期保存阶段。数字信息资源生 命周期管理是基于信息生命周期管理（Information Lifecycle Management，ILM），依据其所处生命周期不同阶段的价值实施不同的过程策略和信息管理模型，对数字信息资源进行贯穿，其从产生、采集、组织、传播到利用、保存的整个生命周期的分类与分级管理。

国内外研究机构、学者对信息生命周期管理理论与实践进行了专门的研究。美国加利福尼亚大学圣地亚哥分校信息存储产业研究中心（information storage industry center，ISIC）设立"信息生命周期管理"项目，研究 ILM 在企业中的作用以及发展方向。我国马费成教授主持的国家自然科学基金重点项目《基于生命周期理论的数字信息资源深度开发和管理机制研究》，从信息生命周期切入，提出数字信息资源管理的全局视野和集成管理架构。索传军教授主持的国家社会科学基金项目《数字资源老化机理和生命周期测度的理论与实证研究》，借鉴文献计量学和网络信息计量学的方法，基于数字资源的使用情况开展调查、统计、分析和研究，研究数字资源老化理论，探讨影响数字资源老化的因素和机理。

（一）数字信息资源的产生

数字信息资源的产生可分成以下两种形式。

（1）原生数字信息资源。原生数字信息资源是指直接在数字信息环境或者数字活动中产生，仅发布于数字信息环境中，并仅以数字形式传播交流、保存利用的信息资源。如在网络论坛中发帖、利用移动通信工具写微博、在网站上发表原创文学作品等。

（2）加工转化型数字信息资源。加工轻化型数字信息资源是指通过数字化技术手段将纸质等载体的信息资源加工转化为数字信息资源。如对纸质图书、期刊、图片等进行扫描，转化为电子版本。

（二）数字信息资源的采集

数字信息资源的采集是指信息服务和保存机构以一定的原则和标准有选择地获取数字信息资源的行为和过程。美国斯坦福大学图书馆发起并组织实施的使用多份副本来保护文件（Lots of Copies Keep Stuff Safe，LOCKSS）的项目在数字信息资源的采集中，征得供应商许可后，系统收集和保存其出版的期刊资源。供应商在网页上加载带有许可证书的插件，其内容涉及允许 LOCKSS 网络爬虫爬取网站内容的声明、可选择的元数据标准以及资源内容链接指向，允许 LOCKSS 的链接指向期刊的各个卷次。信息保存在一个文件插件后可加载到供应商的网站上或者其他支持 LOCKSS 的缓存库中。对于网站资源，LOCKSS 通过比特流爬取来保存整个网站。爬取存档的过程遵循一种以本身内容保存原始对象（不进行重新封装、修饰和其他转换操作）的数字等量存档原则，原封不动地保存整个网站。

（三）数字信息资源的组织

数字信息资源的组织是信息服务和保存机构通过信息资源组织的工具（如分类法、主题法、元数据等），对采集来的资源进行组织和揭示，形成有序的、可检索的信息系统。如因特网公共图书馆（internet public library，IPL）对图书情报学网络资源进行组织，开放存取期刊目录（directory of open access journals，DOAJ）对开放存取期刊进行组织并提供检索等。

（四）数字信息资源的传播与利用

数字信息资源的传播主要借助于计算机网络，通过通信技术、多媒体技术、网络传播技术等来实现。数字信息资源的利用与数字信息资源的传播是紧密结合在一起的，如中国科学院国家科学数字图书馆（Chinese Science Digital Library，CSDL）、中国高校人文社会科学文献中心（China Academic Social Sciences and Humanities Library，CASHL）和国家科技图书文献中心（National Science and Technology Library，NSTL）等就是通过网络完成数字信息资源的传播，实现数字信息资源的利用。

第五章　信息技术背景下的数字图书馆资源理论问题与评价

第一节　数字图书馆资源聚合理论

数字资源聚合侧重于对信息内容的重新组织与整理，使其形成完整、系统的知识，并方便用户使用。当然，在数字资源聚合的过程中，需要遵循一定的方式与要求，借助一些技术手段。数字资源聚合的工作对象是不同数据源的资源内容。数字资源聚合的具体的方式和要求要根据管理和用户的实际需求，以某个主题或会话内容为单元，让用户可以快捷方便地浏览聚集在某个数据空间中的信息内容。

一、数字图书馆资源聚合的含义

"聚合"的英文为"aggregation"，在韦氏大词典中有两个含义：一是表示状态，指的是单元或部分聚集的状态；二是表示结果，指不同的部分组成整体。"聚合"在化学领域较为常用，既可以指物质（如聚合物等），也可以指不同结构单元借助共价键连接起来的过程。将"聚合"一词引申至数字图书馆中，即指数字资源的聚集与规整。目前，关于数字资源聚合并没有明确定义，不同学者根据自己的理解对其下了定义。马文峰指出，"数字资源聚合是指数字资源优化与组合的状态，是依据用户需求，将各个独立的数字资源和数据存储对象，使用适当的信息技术对其进行聚集融合、排序重组等工作，将之组合成一个新的有机整体，提高对其访问与使用的效率和效果"。王辉、康美[①]娟指出，

---

① 王辉,康美娟.数字资源的整合探讨[J].情报杂志,2004,(08):128-129.

"数字资源聚合是指运用信息技术、网络平台，并结合相关存储与检索技术所组成的资源聚集和资源分享系统，实现对数字资源的有效管理，使其能够实现跨平台、跨系统、跨数据库访问与检索"。高新陵、谢友宁[1]指出，"数字资源聚合是把数据库资源进行信息技术、网络技术处理，将其聚合成一个整体资源，共享其所拥有的数字资源，提供可以高效利用资源的一站式服务"。黄晓斌[2]等指出，"数字资源聚合就是将各种异构数字资源进行聚集与合成，运用先进的信息技术和集成手段，实现'一步到位，一站式服务'的检索与查询功能，降低用户使用成本，提高数字资源的利用效率和效果"。笔者认为，聚合是指对资源的集中与整合。

网络环境下的集中与传统环境下的集中相比不一样，它侧重虚拟意义上的集中，即为数字资源间增加关联，并为用户提供链接指向。所以在这种定义下，数字资源聚合就是指被集中的各部分数据之间存在关联，并有比较明确的链接指向。整合是集中的下一个环节，它侧重对资源的有序整理，使其具有系统性、结构化的特点，成为一个知识整体。目前，数字资源聚合比较侧重信息表层属性、学科属性等，缺乏深度，忽略与同伴间的合作交流。数字图书馆的服务现状存在诸多问题，如资源组织程度较低，缺乏有效的管理方式；不能满足不同用户的不同信息需求；不同分馆之间缺少沟通与合作等。同时，数字资源聚合的方式也影响了相应的服务能力，导致服务存在诸多问题，如数字资源组织与建设水平较低、应用效率不高等。因此，数字图书馆应该扩大资源聚合与共享空间，提升其服务水平，满足不同用户的需求，最终构建一个完整的数字图书馆知识服务体系。当然，要达到这些目标，图书馆需要开展基于元数据的资源深度聚合等工作。

图书馆的资源与服务体系处于一个不断发展和完善的阶段，随着社会的飞速发展，图书馆的纸质资源不断丰富，数字资源不断优化重组。在现代社会，数字资源的地位非常重要，其特殊的时代背景为数字图书馆数字资源聚合提供了契机，主要表现在以下三个方面。

（1）从网络资源角度看，当网络环境的开放性为图书馆资源的搜索、优化提供了机遇，但也因为资源种类、来源等的多样，图书馆的工作面临很大挑战。

（2）从图书馆自身发展的角度看，数字资源聚合可以有效完善图书馆的服

---

① 高新陵,谢友宁.基于用户的数字资源整合模式研究 [J].图书馆杂志,2005,(05):35-38.

② 黄晓斌,夏明春.数字资源整合方式的比较与选择 [J].情报科学,2005,(05):690-695.

务体系，提升其服务水平。数字资源聚合将打破原有资源服务方式、扩大资源聚合范围，促进图书馆自身发展。

（3）从用户角度来看，用户的需求得到满足才是图书馆资源聚合的根本动力。在资源丰富的今天，用户对图书馆的服务提出了更高的要求，要求图书馆实现跨时间、跨空间、即时化、个性化、集成化、动态化的服务方式。

但需要注意的是，资源聚合并非数据集间的简单链接与关联，数字资源聚合的最终目的是为了促进用户的知识获取。而用户的知识获取又受到诸如社会因素、资源因素、用户自身因素等的影响。因此，数字资源聚合的工作也需要实时调整。在实际工作中，应该把握以下几点：（1）扩大数字资源聚合的内容范围，充分利用已有网络资源。（2）要注重合作与交流，充分实现馆际之间资源的互利互用。（3）要充分考虑用户的需求，构建合理完善的服务体系。

二、数字图书馆资源聚合的原则

不同学者站在各自的角度上对数字资源聚合有不同的理解，本书对各种观点归纳后发现，它们存在一些共同点：（1）数字资源聚合的对象是各种结构、到处分散的数字资源，而且这些资源在被聚合之前很可能是相互独立的。（2）数字资源聚合包含聚集与聚合两个过程，聚集在前，聚合在后。聚集侧重于将资源形成一个整体，聚合则侧重于将整个资源按照一定的体系进行有序化。（3）数字资源聚合的最终目的是为用户提供高效的服务，节省时间。需要指出的是，数字图书馆资源聚合与单纯的资源聚合含义不同，后者单纯地把各种异构资源纳入统一的网络环境，而前者要在此基础上将资源聚合与图书馆的服务有机结合起来。基于这个考虑，笔者认为数字图书馆资源聚合在于通过网络技术和集成方法将各种数字资源融合在一起，并据此为用户提供一站式服务，让用户借助统一检索平台，实现对各种物理逻辑上独立、分散并且异构的资源的个性化检索，同时实现数字图书馆资源的集中管理。因此，数字图书馆资源聚合需要遵循以下几个原则。

（一）整体性与协调性原则

整体性原则强调的是资源的完整，有两层含义：一是指资源内容的完整性，即内外资源是一致的、完整的；二是指用户可以获取完整的相关内容。具体来说，完整性既包括学科内容意义上的完整，也包括数据之间内在关系的完整。完整性是指聚合后的系统具备聚合前的子系统的功能。协调性原则强调的是在资源聚合的整个工作流程中的协调一致。因为数字资源聚合牵扯不同部门和单位，涉及不同资源和领域，因此要注重协调性，注重不同单位之间的配合，并发挥各部门的优势与特色，实现对整个工作的宏观把控。

（二）科学性与规范性原则

科学性与规范性原则需要涵盖数字图书馆资源的聚合对象、聚合内容和聚合方法。聚合对象和聚合内容的选择需要遵循已有的科学规律或经过严格的科学验证，不能随意拼凑组合，要充分考虑学科、领域及其资源本身的本质特征等。聚合方法的选择也要遵循一定的科学步骤，采用标准化、规范化的技术和手段对资源进行搜集、加工、聚合、保存、管理等，最终形成科学化、规范化的图书馆服务和运作体系。

（三）优先性与可持续性原则

优先性原则强调在数字图书馆资源聚合对象与内容的选取上要有所侧重，有先后之分，有轻重缓急之分。一般来说，优先考虑急需资源、稀缺资源、系统性资源和不可再生资源。整个聚合过程由重点到一般，由局部到整体。最终根据资源的特征及外部条件为其建立完整的资源服务系统。可持续性原则强调资源聚合工作的可持续性，既可以聚合已有资源，也可以对未来产生的资源进行聚合，使整个工作能平稳、动态、连续地开展下去。

（四）适用性与经济性原则

适用性原则强调数字图书馆资源聚合以满足用户需求为根本，可信适用即可。如果说为了资源组织的全面而将各种毫无价值、不再实用的资源进行聚合，不仅浪费了资源，而且浪费了劳动力。经济性原则强调在数字图书馆资源聚合的过程中，要降低成本，提高效益，以最少的成本换取对资源最大程度的利用，在实现社会效益的基础上，确保经济效益。

三、数字图书馆资源聚合的方法

（一）基于 OPAC 系统的数字资源聚合

联机公共目录查询系统（online public access catalogues，OPAC），是图书馆最常见、最基本的数字资源聚合方式。OPAC 系统以图书馆的书目数据为聚合对象，通过一定的方式实现对图书馆资源全文内容的深层次聚合与个性化服务。用户借助 OPAC 系统，可以检索到所有相关图书馆的 OPAC 系统。基于 OPAC 系统的图书馆数字资源聚合的应用可以分为以下几种：（1）基于元数据的信息聚合模式，如波士顿大学图书馆、清华大学图书馆、北京大学图书馆等。（2）基于 OPAC 系统 856 字段的聚合模式，如麻省理工学院图书馆、哈佛大学图书馆、浙江大学图书馆等。（3）综合利用模式，即结合上述两种模式实现资源聚合，如普林斯顿大学图书馆。（4）基于 Web 接口调用的聚合模式，如加州理工学院图书馆、北京师范大学图书馆等。（5）基于 SFX 工具的聚合模式，如东北师范大学图书馆、四川大学图书馆等。（6）基于 URL 传递检索式的聚合模式，如重庆大学图书馆、山东大学图书馆等。

根据聚合对象的不同，基于 OPAC 系统的数字资源聚合主要分为馆内聚合和馆外聚合。馆内聚合是在数据商提供的 MARC 数据的基础上增加 856 字段，进而记录数字资源的存取方式与存取地址，最后将数字资源整合到 OPAC 系统中。馆外聚合则主要是通过采用 Z39.50 标准，来聚合不同的 OPAC 系统，同时，还可通过 Z39.50 协议，与其他图书馆的 OPAC 实现异构同检。OPAC 系统聚合的内容包括信息目录和数据库资源、联合目录、搜索引擎、网上书店书目信息和外部网络资源。

（二）基于跨库检索系统的数字资源聚合

跨库检索（cross-database search），也称联邦检索（federated search）、集成检索（integrated Search），是指借助一个检索平台，实现对不同数据库的检索。基于跨库检索系统的数字资源聚合包括两个层面，一个是聚合检索界面，一个是异构检索界面，即不同系统、不同数据库之间的检索。基于跨库检索系统的数字资源聚合有以下几个优点：（1）方便快捷。用户借助统一的检索界面，实现所有资源的检索，而不必专门去学习和适应各个数据库不同的检索规则。（2）并发检索。这种聚合方法实现了对不同资源的同时检索。（3）数字资源聚合系统将符合用户需要的结果采取一定的方式排序，方便用户浏览与使用。

基于跨库检索系统的数字资源聚合模型一般包括顾客端、Web 服务器、应用服务器和数据资源群四个层次。顾客端是面向用户的，在用户输入需求后，将结果呈现给用户。Web 服务器端则是用于后台服务的，将用户的检索需求传输到应用服务器。应用服务器对服务器端提出的要求进行分析后，借助 HTTP、Z39.50、ODBC 或 JDBC 等协议访问数据资源群。数据库的元数据和对象数据主要存储在数据资源群中。整个检索的过程就是用户通过顾客端提出信息需求，Web 服务器端将需求传送给应用服务器，应用服务器在数据资源群中找到相应结果，经过处理后，以某种格式再反过来最终传送到顾客端，并呈现在用户面前。

（三）基于数字资源导航系统的数字字源聚合

数字资源导航系统主要用于某一行业或领域内的资源服务供应，有统一的界面供用户检索，通常包含、用户培训、数据查找、资源采购等功能。数字资源导航系统一般提供关键词、资源名称等检索点，使用户可以在已有的数字资源导航库中进行检索。作为一个复合系统，数字资源导航系统包括数字资源介绍与导航系统、数字资源联合目录（如数字期刊联合目录、数字资源厂商联合目录等）、数字资源联合检索系统、数字资源培训教程系统等部分。最终的检索方式与之前的资源聚合方式有关。例如，基于数字资源的统一资源定位符（uniform resource locator，URL）构建数字图书馆导航系统；根据文献类型的不同，建立电子期刊等数字资源导航系统、会议文集导航系统、电子版报纸导航系统等；按照数据库以及数据源的不同，建立数据库导航等系统与平台。

数字资源导航系统使用的技术包括超文本（hypertext）和超链接（hyperlink）两种方式。超文本就是将不同空间的文本组织起来，一般来说主要指各种电子文档。电子文档中的文字可以链接到其他文档，从而实现文档的切换。目前，最常用的超文本格式是超文本标记语言（hyper text markup language，HTML）及富文本格式（rich text format，RTF）。超链接是超文本实现的方式。超链接不仅用于传统的文档关联，实现从一个文档链接至另一个文档，还用于多媒体、超媒体等数据的关联。在网站内容的组织中，超链接是最基本的组织方式，用于网页和网站的链接。目前，网络资源的组织与服务方式主要采用超文本和超链接的方式，将其引申至数字图书馆领域，可以实现资源的链接，从而以 URL 链接的方式进行知识的组织与知识的共享。

（四）基于链接导航系统的数字资源聚合

超文本技术的相互链接形式不仅适用于基于数字资源导航系统的数字资源聚合，也适用于基于链接导航的系统数字资源聚合。网络中的资源依靠相关知识节点互相链接，最终构成一个网状结构，网络结构中的节点之间存在内在的知识关联。开放式静态链接导航、开放式动态链接导航和封闭式静态链接导航是目前主要的链接方式，其中开放式动态链接导航的效果最好。基于链接导航系统的数字资源聚合需要一定的适用场景，它主要适合于发展规范的数据库。如果某些数据库构建技术和标准不统一的话，基于链接导航系统的数字资源聚合则不太适合。构建知识网络，对数字资源进行组织并创建知识链接、知识传递，对查询到的资源进行分析、排序和聚合是其基本步骤。查询资源的方式分为以下几种：（1）通过数据库查询，即将知识资源以数据库的形式组织起来，形成以学科、分类、专题等为主题的数据库，并提供给用户进行检索。（2）通过网站查询，即专门建立一些网站来供用户获取自己需要的资源，如读秀网站。（3）通过学科导航查询，学科导航是指针对某一学科领域的知识进行组织，具备专业性、准确性等特点，尤其对专业技术人员来说，学科导航的易用和实效的特色深受其青睐。此外，学科导航还提供多种检索方式，如按照名称、关键词等检索。（4）通过跨库检索导航查询，跨库检索导航查询方式大大减小了用户的查询负担。

五、数字图书馆数字资源聚合的主要技术

（一）SFX 技术

特技效果（special effects cinematography，SFX），最早是由比利时根特大学（University of Ghent）的萨姆堡尔（Herbert Van de Sompel）等提出的，后来经过其与美国洛斯阿拉莫斯（Los Alamos）国家实验室的合作与研究后，得到了进一步提升。SFX 也成为上下文敏感参考链接解决方案，其本质是一个网络数字资源无缝连接聚合软件系统。目前，全球 50 多个国家的 SFX 用户已达 1800 多家。OpenURL 协议是 SFX 的核心，其基本原理就是在各种不同结构的数据库之间建立联系，并给用户提供统一的检索方式，方便用户在不同数据库的资源之间相互跳转。现在，OpenURL 协议已经成为美国国家信息标准协议（NISO）的标准。在使用 OpenURL 的方式时，用户只需要简单两步就可以获取自己需要的资源，实现从引文到全文的检索或从文摘到目标文摘的检索。OpenURL 协议具有以下几个优点：（1）在 OpenURL 协议模式下，任何资源都是以链接的方式进行聚合的，数字资源的聚合范围更加广泛。（2）OpenURL 协议有效兼容其他链接形式。（3）OpenURL 协议借助其他技术手段，实现了动态生成链接。（4）OpenURL 协议与其他资源建立链接时，简单好用，不需要了解内部细节。（5）数字图书馆提供的服务可以使用户检索一次就可以链接至所需资源，服务更加人性化。

SFX 的工作原理主要有以下几个方面：一是创建 OpenURL 信息源；二是 SFX 系统接受与解析元数据；三是创造一个到目标信息源的链接。首先，当用户提交检索条件后，SFX 系统通过创建一个 SFX 按钮（Hook）来获取 OpenURL 信息源，点击 SFX 按钮便可激活 OpenURL，这个 OpenURL 以 SFX 服务器可解析的方式对 SFX 数据（如作者、期刊名、卷册、发表时间、引文等信息）进行代码化。其次，SFX 服务器通过接受 OpenURL 链接化的数字资源，对其进行再次编码与解析。最后，根据用户需求或检索行为，创建一个可到达目标数据源的超级链接。

（二）Web Service 技术

Web Service 是为了解决不同平台和系统之间的信息共享和操作问题而产生的，作为一种基于网络的分布式模块化组件，其可以有效消除不同系统之间的差异问题，实现数字资源的访问，Web Service 在具体的操作中需要遵循 HTTP、XML 等网络协议和技术规范。数字图书馆的数字资源结构多样，如果不能相互对话，那么图书馆的服务效率将会很低，为此若要将所有的资源以统一的形式表现出来，就需借助 Web Service 技术标准。服务请求者（service requestor）、服务提供者（service provider）和服务注册中心（service registry）是构成 Web Service 技术框架的 3 个主要部分。Web Service 体系结构是由 Web Service 技术与面向服务的体系结构（service-oriented architecture，SOA）结合而成的。其主要优点表现在封装性好、操作性强以及其独特的聚合性功能。与 Web Service 相关的关键技术包括 XML（extensible markup language）、SOAP（simple object access protocol）、WSDL（Web service description language）、UDDI（universal description，discovery and integration）。其中 XML 是所有技术的基础。SOAP、WSDL 和 UDDI 是核心技术。基于 Web Service 技术的资源聚合体系由多个层次组成，其中最底部是各种数据库，这些数据库是异构的、独立自治的；在此基础上，当需要进行访问时，使用本地系统的接口链接到各处的数据库，从而建立起 Web Service；最后，便有了资源数据库应用程序，包括资源聚合、业务逻辑层和表示层 3 个层次。资源聚合层对各种异构资源进行聚合，聚合层借助 SOAP 访问 Web Service，从而获取各处不同的资源数据库等，接下来将这些数据集中于一个 XML 文档中，为数据资源进入业务逻辑层做好准备；业务逻辑层对聚合层传输的资源传送至 Web Service。Web Service 可以实现自动运行指令，不仅具备逻辑处理能力，还具备半自动化智能处理能力，从而很好地解决了跨网络的异构数字图书馆资源聚合问题。

（三）P2P 技术

P2P（Peer-to-Peer）是"对等网络"的意思。P2P 作为一种资源共享技术，与 C/S 结构类似，属于覆盖网络（Overlay Network）。作为一种数字资源控制技术，P2P 主要借助硬件形成网络链接来提供服务。所谓"对等网络"，意味着在网络中关联的计算机处于平等地位，无先后之分。处于对等位置的节点之间可以不借助服务器的指令，进行资源、信息、数字内容等的交换。分布式哈希表（DHT）结构、树形结构和网络结构是 P2P 技术中 3 种比较流行的组织结构，应用也比较广泛。一些常见的即时通信平台，（如 ICQ、OICQ、IP 电话等）、的搜索引擎、对等存储、游戏等诸多方面都运用了 P2P 技术。

对于 P2P 技术，按照不同的划分标准，有不同的分类。按照是否匿名，可以将 P2P 技术分为匿名和非匿名，其中匿名又包括作者匿名、用户匿名、服务器匿名、链接匿名、文档匿名等；按照网络存储内容与拓扑结构是否相关，又可以将 P2P 技术分为结构化、非结构化和松散结构化这几种形式，据此可以将 P2P 的搜索方式分为基于结构化 P2P 技术环境的信息检索法、基于非结构化 P2P 技术环境的信息检索法、基于松散结构化 P2P 技术环境的信息检索法；按照是否存在中央服务器，可以将 P2P 技术分为混合式、分散式和超级节点式；按照节点之间数据传输方式分为点对点方式和多点多元方式。P2P 技术，可以让用户借助互联网进行资源共享，对数字图书馆资源聚合和服务水平的提升具有重要意义。

（四）Grid 技术

Grid 技术最早出现于 20 世纪 90 年代中期，是电力网领域的概念，主要应用于个体或机构，是一种资源共享模式。这种模式具有灵活、安全、协同的特点。在图书馆网络数字资源动态环境下，Grid 技术是指将整个互联网集成一个计算机，并对各种动态、异构的数字资源进行利用、共享的一种服务模式。在这种模式下，数字图书馆的各种资源，如计算资源、存储资源、数据资源、数字资源、知识组织资源、专家指导资源、知识服务资源等都可以被用来进行数字图书馆的共享服务。Grid 技术的应用需要高性能计算机、因特网和数据源的有机结合，从而实现知识生产、协同工作、资源共享等。

当前，网格技术的应用，Grid 技术主要应用有科学研究、资源环境、制造业、服务业等领域。在数字图书馆领域，主要运用的是信息网格技术。信息网格技术在数字图书馆高性能计算、大数据处理、资源共享等方面具有相当大的优势，因而可以在数字图书馆资源聚合方面发挥重要作用。

五、数字图书馆资源聚合的模式

当前，网络中存在着诸多资源，但是资源呈现分散、孤立的状态，这对于有效利用各种资源非常不利。因此，数字图书馆资源聚合的主要目的就是集成图书馆与网络中的资源，解决"数字资源孤岛"问题。为此，各界正在采用不同的方式对资源进行优化重组。

（一）基于学科门户的数字资源分类聚合机制

数字资源一般具有明显的学科特色，因而学科可以成为数字资源聚合的重要依据。在具体操作中，要根据不同学科的特色，具体分析数字资源本身的特点、用户需求等，采用统一的标准对本学科数字资源进行组织和管理。充分考虑资源的学科属性，不仅有利于资源的前期组织，也利于资源的后期加工、存储与管理等。同时，按照学科属性组织资源，还有利于不同学科用户的使用。一般来说，不同学科的用户，其信息需求各不相同，那么根据用户特点设置不同的信息浏览、检索和资源获取方式，将大大提高对用户的服务水平，提升用户体验，有利于资源推送服务的准确度和精确度。但需要注意的是，很多数字资源可能并没有严格的学科界限，如果单纯按照学科属性对其进行组织与管理，容易忽略学科之间的内在关联，反而不利于服务。因此，在以学科对数字资源进行聚合时，需要充分考察数字资源之间的内在关联，对其进行深入的优化和聚合，如采用基于元数据的资源聚合方式来进行数字资源聚合。总而言之，数字资源聚合的最终目的是向用户提供深入、全面、准确的知识服务。

（二）基于信息链接的数字资源聚合机制

基于信息链接的数字资源聚合是纵向与横向共同进行的。基于信息链接的数字资源聚合的服务方式也比较多样，用户可以借助各种检索点（如题名、摘要、全文、视频、音频等，进行检索，并以此获取自己需要的资源。这种全方位的、整体性的数字资源聚合体系可以对不同来源、不同形式、不同类型的资源进行有效聚合。以笔者所在学校的图书馆资源服务为例，在中文检索系统中，资源的组织方式采用多重分类标准，如以专业、内容、服务特点等分类，用户可以根据自身需求和特点选择合适的数据库来进行检索、获取相关资源等。在具体的检索过程中，用户可以采取关键词、主题、作者、摘要等不同的检索方式，并根据实际需要在数据库推送中选取部分内容。需要注意的是，这种服务方式也只是仅仅考虑资源的表面链接，没有深入考虑资源之间的内在知识关联。而基于元数据的资源聚合方式则可以很好地解决这些问题。一些基于元数据标准（如 XML、RDF 等）的数字资源及网络资源聚合，可以对数据、信息、知识进行深度关联，形成基于元数据的结构化的数字资源聚合网络，从而有效促进数字图书馆的资源聚合。

数字资源聚合并非单纯考虑资源的外部属性特点，简单归纳整理，而是根据资源的内在知识属性，并依据学科属性等特点，进行优化重组。在具体的服务阶段，还要充分考虑用户的需求特色和资源本身的特点。在具体工作中，还要注意各机构之间的合作交流，最终实现在资源深度聚合的基础上促进用户的信息检索以及知识获取。

第二节　用户行为研究理论

美国经济学家萨缪尔森（Paul A. Samuelson）认为"幸福 = 效用 / 欲望"。图书馆作为人类重要的信息服务机构，其主要作用包括将信息转化成价值商品，最终满足用户的实际需要，让用户获得幸福。萨谬尔森的说法是对用户行为研究目标的总体概括，对于数字图书馆信息服务而言，我们可以这样理解：数字图书馆的最终目的是为了帮助用户获得他们想要的，而其他途径获取不到的知识。

一、用户行为研究的定义

信息环境的不同导致用户行为方式的差异，由第一章对传统用户和网络用户的陈述可知，传统用户信息行为的分析主要是建立在文献传递、实例调查等定性分析手段之上，这些方法主要基于纸质文件信息传递进行研究，研究方式落后，逐渐被网络环境下直接分析用户行为数据的方法所取代。因此，本书的研究方向主要是后者。

各个领域的专家学者都试图站在各自的角度对网络用户行为提出自己的见解。目前，已有的关于用户行为的定义有近百种，但还没有一个公认的、统一的定义。

马费成认为，用户行为研究的主要目的是发现用户行为模式、提高用户使用效率，留住用户；王伟认为，解决用户偏好的差异性最为关键的就是要挖掘用户行为数据，分析用户的行为特征，从中寻找规律，据此建立用户行为模型，并根据具体情况提供不同的个性化服务；李书宁认为，用户信息行为，是指在认知思维支配下，利用各种网络信息资源进行信息的检索、选择、交流、发布等活动。

纵观已有的定义可以发现，对用户行为的研究需要满足三个方面，即用户行为搜集、用户行为体验和用户兴趣偏好。用户行为搜集，即获取网站访问用户的基本数据；用户行为体验，即对有关数据进行统计分析，并建立用户行为模型，发现用户的行为规律；用户行为偏好，即根据用户行为模型，分析用户实际需求，并据此进行系统开发等，从而发现数字图书馆在资源存储、资源组织、资源消耗、资源分配中做得不好的地方，并为后续工作和服务水平的提升提供依据。用户行为研究是建立在挖掘用户点击习惯、检索习惯、浏览习惯等工作的基础之上的。利用数据挖掘的结果，提出行为特征，形成形式化定义，产生用户使用习惯的分析模式，获得用户利用图书馆数字资源的总体趋势。

二、用户行为研究的方法

数字图书馆的用户行为研究中，用户数据来源非常丰富，包括登录信息、用户档案信息、用户调查信息、日志信息等，对这些数据的分析方法也很多，而分析用户行为数据，需要结合当前数据挖掘分析的最新环境，尤其是语义环境，借助已有的软件工具对包括日志数据在内的各种用户行为数据进行深层次的挖掘。因此，笔者打算根据对用户行为数据的分析，找到其中对图书馆的影响因素，从而为提升图书馆服务水平做出指导。当然，用户行为数据的获取需要借助各种合适的技术方法。具体研究内容包括以下几个方面。

（一）用户行为调查理论与方法

用户行为调查是网络服务提升自身服务水平的常用手段，最早应用在网络早期的网页使用情况中，不过当初采用的是手动调查方式。数字图书馆的用户行为调查则侧重于用户对本馆数字资源库的使用情况，主要是一些基本数据的收集和分析，而且调查方式由原来的手动调查方式转换为数据分析手段。在数字图书馆时代，人们主要通过商业搜索引擎来获取资源。因此，用户行为调查理论主要是研究如何通过一般数学方法对用户的客观行为进行研判和统计，所用的数据资源既可以是用户模型、统计问卷，也可以是客观的数据分析。用户行为调查的目的主要是了解用户的需求，进而提高个性化服务水平。

（二）基于文献计量的用户行为研究理论

用户查询行为的研究出现较早，最早可以追溯至纸质图书馆时期，具体做法是对用户进行分类，然后对群体用户的查询行为，包括查询需求、查询概念、查询目标文献的特点进行分析。群体用户可以是某个学科、专业或职业的人群等。这些分析当中比较有名的是焦点小组（Focous group）方法，即将查询目标文献分类成不同的用户兴趣点，从兴趣点的特征以及概念聚类情况进行分析。另外，用户查询行为研究还包括检索策略、检索词选择等。可以说，利用文献计量的方法对用户查询行为展开研究是目前用户行为研究中比较突出的一个方面，现有的成果也比较多。

（三）基于用户偏好分析的用户行为研究理论

用户偏好是指用户在使用信息服务时所做出的倾向性的信息选择，是用户从自身认知需要、心理感受及理性综合作用的结果。例如，用户在购物选择上就存在对于购物界面的偏好，很多用户偏好页面简洁但功能强大的购物界面。在数字图书馆用户偏好分析方面，Spark 结合实际异构数据分布情况，详细分析了用户在分布式异构信息环境下与系统交互的行为，将用户与系统的交互分为界面、检索与数据库 3 个层次，并且针对这 3 个层次中的单数据库系统、联机数据库交互界面、多数据库检索系统，做出了用户在使用时的偏好分析。在这些分析过程中，Spark 采用了问卷调查、用户分类、日志分析等用户行为分析方式，收集了大量数据，使得分析结果具有很强的说服力，并对如何完善系统、加强人机交互效果提出了建设性意见。总的来说，用户偏好分析研究内容应该包括用户访问方式、用户检索策略、用户浏览方式、用户点击方式、用户兴趣主题几个方面，当涉及整个交互系统时，需要将这几个方面的分析结果综合起来进行考虑。

第三节 基于用户行为的数字图书馆资源聚合理论

一、数字资源聚合目标

简单地说，基于用户行为的数字资源语义聚合的目的就是在充分调查用户行为规律后，将各类型的数字资源进行聚合，包括用户数字资源与已有数字资源。同时，根据用户的需求建立不同层次和级别的统一文献关系表示机制，并在此机制的基础上提供集成服务，充分利用语义网相关技术，为用户提供全方位的、个性化的、合理高效的服务。从单个数字图书馆的应用需求来看，可以把数字资源语义聚合的目标分为 3 个层次。

（1）提炼用户行为作为本体描述标识数据，实现用户本体的创建。

（2）揭示图书馆数字资源的联系、异构数据资源的语义关联，实现用户数据与系统数据之间的无缝连接。达到以用户需求为中心的资源聚合模式。

（3）聚合后的资源只有与图书馆的实际文献信息服务工作相互结合，才可以做到为用户提供更好的服务。

二、数字资源聚合种类

基于用户行为的数字资源进行语义聚合后，数字资源将具有加工、管理、存储、交换、服务等一系列功能，能向用户提供个性化的文献内容服务、联合信息服务以及其他相关服务。

对资源聚合而言，聚合后的功能应该包括用户可信度检验、Web 结构挖掘用户使用行为、数字资源聚类、数字资源加工和管理、权限管理、数字资源长期保护协调等。对服务聚合而言，聚合后的功能应该包括资源导航、统一资源检索、数据浏览、权限认证、数据下载、信息推送、虚拟参考咨询、馆际互借等。从用户角度而言，一个聚合完好的图书馆数字资源联机系统将具有数字图书馆门户、用户统一认证、统一检索、数字权限管理、个性化服务、合作数字参考咨询等主要功能。

（一）用户行为特征聚合

随着互联网的高速发展，用户规模不断扩大，新的应用不断增加，这使得用户的网络行为数据日益增多。面对纷繁庞杂的用户行为数据，如何提取客观参数来衡量用户行为是当前研究的一个热点。本书从原始 IP、时间戳、DNS 请求记录、包含用户浏览过程的 cookie 等数据入手，提取客观参数，进行用户行为特征库的构建，通过标准化、规模化的形式反映用户行为特征。

用户行为特征包括用户查询、浏览、点击、流量、认证、习惯等，将反映这些特征的特征词进行中心度计量，提取出能够反映用户行为特征的重点词汇，在词汇的基础上进行聚合。因此，用户行为特征的聚合包含两个层面：一个是用户聚合，即基于用户兴趣、习惯、偏好等对用户个体进行聚合；另一个是对用户行为特征词汇进行分层聚合。

（二）异构数字资源聚合

异构数字资源聚合实际上是利用语义网相关技术（如本体技术），对用户行为数据以及数字图书馆资源库内的数据进行深度语义聚合。这种形式的聚合实际上是在异构网络环境下构成一个面向用户的分布式资源链接模型，根据用户的兴趣和需求，对包括用户数据和已有数据的概念体系进行分类，加以语义链接与语义互操作功能，在此基础上建立一个可在互联网上运行的开放式、分布式、跨平台的数字图书馆门户。

异构数字资源聚合的作用包括以下几个方面

（1）能够根据用户兴趣构建一个统一的、可远程利用的异构资源互联平台。

（2）通过对用户行为进行充分挖掘、关联和聚类，全方位地揭示资源和服务。

（3）要想使用户对图书馆服务有较高的评价，就需要图书馆在提供信息资源时充分考虑用户的信息需求，并且比较完整地提供给用户，而不是分散割裂的状态。

（4）为用户提供个性化检索与导航定制服务，开发用户个性化行为库，提高信息检索中用户行为反馈机制，提高用户服务的管理能力等。

（三）个性化服务聚合

个性化服务就是充分认识到不同用户之间的需求差异，满足各自特色的服务。在数字图书馆领域，要想对用户提供较好的个性化服务，需要充分分析用户需求，或者借助多用户行为数据的分析，把握用户需求特征，主动、及时地向用户提供信息和服务。个性化信息服务系统还应该为用户创建个性化的信息环境，在这个环境中，用户可以构建自己的知识体系、知识收藏等，并允许用户进行更新和维护，

个性化服务聚合主要是指将已有数字资源结构进行用户个性化的重新排列，使用户最需要的知识以最短的路径呈现给用户。

三、数字资源聚合的研究框架

基于用户行为的数字资源语义聚合首先要挖掘图书馆数字资源用户的行为模式及行为特征，在充分挖掘行为特征的基础上建立数字资源用户行为库，并通过面向数字资源深度标注和面向语义检索两个层面，开展基于用户行为的数字资源聚合方法与关键技术研究。在此基础之上，构建基于用户行为的本体库，并研究本体的融合、映射、匹配等机制，主要解决语义标注、语义理解、语义表达、语义链接等问题，然后按照具体数字资源的类型特点等进行相应的单项应用示范研究。因此，研究内容包括这几个方面：（1）对用户日志挖掘工具的开发，对某门户网站日志数据进行聚类分析。（2）对图书馆用户行为本体进行本体创建与聚合。（3）对图情类博客内容与结构概念进行重组与可视化。最终为克服数字资源深度聚合中所存在的障碍、基于语义检索的用户行为融入机制提出一些可行的解决方案。

第四节　多维度评价问题的提出

大数据环境下，数字资源呈几何级数增加，由此颠覆了传统数据存储与呈现、检索与获取、管理与分析的方式。如何使结构化、半结构化、非结构化数据并存,，如何有效地满足多元化用户的知识需求，成为亟待解决的现实问题。

国内外学者纷纷将解决问题的途径聚焦于数字资源聚合，词义消歧、图像分类及标注、自动检索、信息检索、信息抽取等语义相似度计算方法被众多国

外学者应用于数字资源聚合研究；基于密度的聚类、层次的聚类以及基于网格的聚类等聚类算法也在数字资源聚合研究中被广泛采用①。李劲等学者基于本体和关联数据对数字图书馆资源聚合展开了研究②；游毅、成全采用模糊聚类算法来实现数字图书馆资源的高质量聚合，进而发现潜在的语义关联③；在数字图书馆资源聚合的可视化展示方面，张玉峰、曾奕棠通过运用可视化技术，将馆藏资源检索、呈现、统计结果可视化，直观呈现数字图书馆资源聚合结果④。

由此可见，数字资源聚合研究理论基础深厚，研究成果也较为丰硕。然而，国内外学者针对大数据环境下，基于语义和发现关联视角系统性展开数字图书馆资源聚合质量评价的研究成果很少。大数据时代的数字资源所呈现的海量、高速、多样性特征给数字图书馆资源聚合提出了一系列挑战，也带来了前所未有的发展机遇。大数据背景下，数字图书馆资源聚合质量已成为用户的核心诉求，提升数字图书馆资源聚合质量是大数据时代图书馆面临的重要课题，大数据理念与技术为数字图书馆资源聚合提供了支持。同时，数字图书馆资源聚合质量不仅源自各种层次和各种类型的语义化，还与聚合质量内涵构成的正确认识、基于发现关联视角的聚合资源外在属性特征和网络结构特征紧密相连。大数据时代，数字图书馆资源服务的主要挑战是如何解决数字资源超载和孤岛问题，而数字资源聚合是解决上述问题的必由之路⑤。同时，在实践层面，数字图书馆资源聚合的目的是最大化地提高资源利用价值、进行精准服务推荐、实现信息增值，最终切实地、全方位地满足数字图书馆用户的需求。

因此，基于发现关联和语义视角，展开大数据环境下数字图书馆资源聚合质量评价，从而抓住大数据时代发展机遇，更准确地反映资源聚合语义化过程的控制力度和保障水平，加强资源聚合内在和外在质量评价系统性，最终实现

① YıLDıRıM A A, ÖZDOğAN C .Parallel WaveCluster: A linear scaling parallel clustering algorithm im- plementation with application to very large datasets [J] .Journal of Parallel and Distributed Computing, 2011 (7) : 955-962.

② 李劲,程秀峰,宋红文.基于语义的馆藏资源深度聚合方法研究[J].情报科学,2013(11): 102-105.

③ 游毅,成全. 试论基于关联数据的馆藏资源聚合模式 [J] .情报理论与实践, 2013(1): 113-118.

④ 张玉峰,曾奕棠 .语义环境下馆藏资源深度聚合结果可视化框架研究 [J] .图书情报知识, 2014(5): 67-73.

⑤ 许鑫,江燕青,翟姗姗. 面向语义出版的学术期刊数字资源聚合研究 [J] .图书情报工作, 2016(17): 123-130.

切实提高资源聚合质量评价精度的目标。然而，通过前文的文献梳理发现，尽管众多国内外学者聚焦于资源聚合目的、方法、过程及利用，但均忽视了大数据环境下，资源聚合研究与应用中的关键问题，即如何基于语义和发现关联视角，针对数字图书馆资源聚合质量进行系统性评价？评价的标准和依据是什么？

本节从理论层面为数字资源聚合质量理论拓展性研究提供新的思路，拓宽数字资源聚合研究的理论视野，在实践层面夯实数字图书馆知识服务的基础，并从根本上保障数字图书馆知识服务效果，不仅为图书情报机构客观评价自身资源再组织质量提供一种有效的评价手段与方法，而且为优化其资源再组织结构和提升知识服务能力提供有价值的参考与指导。

第五节　评价指标体系的构建

一、指标构建的依据与原则

评价指标体系是在综合现有资源聚合理论、数字图书馆资源聚合质量影响因素、数字图书馆服务质量评价等相关文献的基础上建立的[①]。

虽然国外学者对数字图书馆资源聚合质量评价进行直接研究的成果较少，但在资源聚合相关研究中，指出了数字图书馆资源聚合质量的影响因素或评价要点。科基诺斯（P. Kokkinos）和瓦尔瓦里戈斯（E. A. Varvarigos）对网格网络环境下的资源聚合调度效率进行了研究，并认为聚合的质量可以通过资源信息的数量来衡量[②]。

拉达克维奇（Radakovic）从元数据的准确性和资源共享角度对数字图书馆全文聚合质量展开了研究[③]。研究结果表明，期刊标题索引完整性、期刊频繁变动性、数字资源同纸质资源一致性、内容完整性及元数据准确性影响着数字图

---

① 闫晶,毕强,李洁.数字图书馆资源聚合质量评价指标构建[J].图书情报工作,2017(24):5-12.

② KOKKINOS P, VARVARIGOS E A. Scheduling efficiency of resource information aggregation in grid networks [J].Future Generation Computer Systems, 2012 (1).

③ RADAKOVIć D, HERCEG Đ.Towards a completely extensible dynamic geometry software withmetadata [J].Computer languages Systems & Structures, 2018,1-20.

书馆资源聚合质量。塔尼（Alice Tani）在界定了数字图书馆元数据质量概念的基础上，讨论了资源创建和聚合阶段对元数据质量的影响，即资源聚合质量影响着元数据质量，反过来元数据质量也反映了资源聚合质量的高低[①]。特杰达·洛伦特（ÁA.Lvaro Tejeda-Lorente）等在基于质量的高校数字图书馆资源推荐模型研究中指出，语义视角下对资源进行聚合并建立二元聚合模型的必要性，在说明了资源聚合质量和资源推荐之间的紧密关系的同时，也为从发现关联和语义多维度视角展开数字图书馆资源聚合质量评价研究提供了理论支撑[②]。

国内学者在数字图书馆资源质量评价、资源聚合质量影响因素相关领域的研究成果相对较多，为本节研究提供了更为坚实的理论依据。王福[③]全面、系统地对数字图书馆资源聚合质量的影响因素展开了研究，研究中指出从发现关联、语义视角阐述数字图书馆资源聚合质量评价研究的必要性，并从需求、效能、服务三个层面提出了影响数字图书馆资源聚合质量的因素，最后构建了包括语义相似度、语义距离、语义粒度、链接深度等语义属性，链接广度、引文长度、节点度等关联属性的数字图书馆资源聚合质量影响因素模型。

肖奎等学者提出了一种限定领域网络文档资源质量评价方法，并以维基百科词条为例展开研究[④]。研究的中基于维对基百科的分类建立本体，通过计算词条的相似度，进而采用发现关联的方法进行词条质量进行评价。可见，其实质是基于发现关联和语义视角对网络文档资源聚合质量评价进行研究。邱均平等学者从"网络观"视角针对引文网络提出了阈值聚合和高地聚合两种方法来反映文献质量[⑤]。其核心是从网络关系入手，再延伸到网络中的节点上，进而可以认为，基于"网络观"或采用社会网络分析指标可以对资源聚合质量进行评价。此外，还有众多学者展开了同本书接近的研究。张博、乔欢建立了协同知识生

①　TANI A, CANDELA L, CASTELLI D.Dealing with metadata quality:The legacy of digital library efforts [J]. Information Processing and Management, 2013（6）:1194-1205.

②　TEJEDA-LORENTE Á, PORCEL C, PEIS E, et al. A quality based recommender system to disseminate information in a university digital library [J].Information Sciences, 2014: 52-69.

③　王福 . 数字图书馆资源聚合质量影响因素研究 [J]. 情报理论与实践 ,2016,(12):86-90+113.

④　肖奎，罗保山，吴天吉 . 一种限定领域的网络文档资源质量评价方法：以维基百科为例 [J]. 情报理论与实践，2016（12）：112, 124-127.

⑤　邱均平，董克 . 引文网络中文献深度聚合方法与实证研究－以 WOS 数据库中 XML 研究论文为例 [J]. 中国图书馆学报，2013（2）：113-122.

产社区的内容质量评价模型[①]，王振蒙、姜恩波构建了关联书目数据质量评估指标[②]，赵文轩、李春旺也对国内外关联数据质量评价领域研究进行了梳理[③]。

从现有研究成果来看，基于语义化角度的领域本体、分众分类法、关联数据及社会网络分析等资源聚合方法能够在数字图书馆内在语义特征层面为提升资源聚合质量提供支撑。除此以外，计量学理论也能够在数字图书馆资源的外在属性特征层面为资源聚合质量在语义化对象、定量概念关系及量化等方法和手段上提供支持[④]。王福认为衡量数字图书馆资源聚合质量应从增强语义、发现关联和可视化展示利用三个维度出发，并在三者之间实现选择性互补[⑤]。因此，应紧跟时代发展，基于大数据理念并充分运用大数据技术，以用户信息资源需求为出发点提升数字图书馆资源聚合质量，全方位满足数字图书馆用户多元化"一站式"检索、精准个性化推荐及主观体验的需求期望[⑥]。进而，从发现关联和语义两个角度对数字图书馆资源聚合质量评价展开研究，即基于数字图书馆资源的外在属性特征和内在语义特征确立评价依据、明确评价标准[⑦]。

在综合上述国内外相关文献基础上，本书遵循系统性、完整性、准确性、期望一致性、逻辑一致性和可操作性的评价指标体系构建原则，结合大数据时代数字图书馆的特点，从发现关联和语义融合多维度设计数字图书馆资源聚合质量评价指标。

二、评价指标体系的建立

本节从发现关联和语义视角多维度出发，在国内外学者研究成果基础上，

① 张博，乔欢.协同知识生产社区的内容质量评估模型研究：以维基百科为例[J].现代情报，2015（10）：19-24.

② 王振蒙，姜恩波.关联书目数据质量评估框架构建与实证评估[J].图书情报工作，2016（15）:109-116.

③ 赵文轩，李春旺.关联数据质量评价方法研究述评[J].情报理论与实践，2016（2）：132，138-142.

④ 王菲菲，邱均平，余凡，等.信息计量学视角下的数字文献资源语义化关联揭示[J].图书情报工作，2014（7）：18-24，35.

⑤ 王福.移动图书馆信息接受情境融合模式及其机理研究[J].国家图书馆学刊，2017(3)：57-66.

⑥ 聂勇浩，苏玉鹏.档案馆公共服务评价的指标体系建构－基于平衡计分卡和层次分析法的分析[J].档案学研究，2013（2）：24-28.

⑦ 楼雯.馆藏资源语义化关键技术及实证研究[J].中国图书馆学报，2013（6）：28-41.

结合大数据背景下对数字图书馆资源聚合质量的时代要求，进一步通过调研、头脑风暴、行业专家咨询等方式，构建了数字图书馆资源多维度聚合质量评价指标体系，如表5-1所示。该指标体系共包括11个一级指标和26个二级指标。基于语义的一级指标有语义相关度、语义丰富性、语义完整性、语法有效性、数据准确性、主体权威性、服务及时性等；基于发现关联和语义融合的一级指标有资源丰裕度和可视化程度；基于发现关联的一级指标有网络融合度和资源整合度。二级指标中带＊标识的有检索结果相关度、推荐结果相关度、词表数据完整性、内容准确性、资源更新及时性、人机交互及时性、数据资源重复性、数据资源类型及数量、实时可视性、增强审视性、网络密度、K-核子网、接近中心性、资源扩展性、资源开放性、资源整合广度和资源整合深度。

表5-1　数字图书馆资源多维度聚合质量评价指标

指标体系		价值维度	指标解释
一级指标	二级指标		
A1 语义相关度	I1 检索结果相关度＊	语义	提供给数字图书馆用户的检索结果同其预期检索结果的相关程度
	I2 推荐结果相关度＊	语义	个性化推荐结果同用户偏好的相关程度
A2 语义丰富性	I3 三元组数量	语义	用户检索或推荐结果数据的三元组数量
	I4 实体数量	语义	用户检索或推荐结果数据的主体、客体、谓词数量
A3 语义完整性	I5 词表数据完整性＊	语义	词表资源是否完整、命名空间是否声明
	I6 链接完整性	语义	数据资源链接协议、服务器名称、路径、文件是否完整
	I7 表述实体完整性	语义	数据资源拼写、缩写、描述格式、属性值是否完整
A4 语法有效性	I8 类和属性有效性	语义	数据资源是否存在未定义的类和属性使用
	I9 数据类型匹配性	语义	数据类型匹配程度

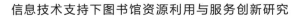

续　表

指标体系		价值维度	指标解释
一级指标	二级指标		
A5 数据准确性	I10 内容准确性 *	语义	数据资源文本准确性、图片是否缺失、图片分辨率 高低等
	I11 元数据准确性	语义	元数据能够准确描述数据属性
A6 主体权威性	I12 资源主体可信度	语义	数字图书馆主办方、运营方、资源提供方、聚合技术支持方权威性
	I13 主体协议许可率	语义	原始数据资源应用许可比率
A7 服务及时性	I14 资源更新及时性 *	语义	资源内容更新及时
	I15 人机交互及时性 *	语义	对数字图书馆用户咨询的问题及时提供基于语义聚合的数据资源反馈
A8 资源丰裕度	I16 数据资源重复性 *	语义	数据资源重复率及价值密度
	I17 数据资源类型及数量 *	语义	资源数量较多、类型丰富，包括主流文献资源
A9 可视化程度	I18 实时可视性 *	语义	基于大数据实时渲染技术，将数字图书馆云数据实时图形可视化、场景化
	I19 增强审视性 *	语义	可视化后的聚合数据可读性强，能有效降低分析、理解、利用难度
A10 网络融合度	I20 网络密度 *	语义	数字图书馆聚合资源网络密度
	I21K– 核子网 *	语义	数字图书馆聚合资源网络 K– 核子网
	I22 接近中心性 *	语义	数字图书馆聚合资源网络节点接近中心性

续　表

指标体系		价值维度	指标解释
一级指标	二级指标		
A11 资源整合度	I23 资源扩展性 *	语义	数据资源同其他任何相关资源的无缝链接、无限扩展性
	I24 资源开放性 *	语义	数据资源开放，容易被外界发现与利用
	I25 资源整合广度 *	语义	数据资源内部整合、外部整合、不同系统整合程度
	I26 资源整合深度 *	语义	数据资源能够统一检索，同其他相关资源集成度和关系展示性

（一）语义相关度

语义相关度是指两个概念之间的相关程度，语义相关度涵盖语义相似度，语义相似度强调两个概念之间的共同特性。如果两个概念之间存在相似性，则归属于语义相似度定义范畴；如果两个概念间通过其他关系关联形成相关关系，则归属于语义相关度定义范畴[①]。基于语义相关度、相似度的数据资源聚类方法，能够在一定程度上提升数字图书馆资源聚合效果和质量，反过来，聚合质量的优劣亦能从检索结果、个性化推荐结果同用户输入及其预期之间的概念距离来衡量。用户输入文本的语义及心理预期同检索结果及个性化推荐结果的概念相关程度越高，用户的服务体验越好，这说明基于语义的资源聚合方法在应用层得以较好运用，资源聚合质量能令用户满意[②]。

（二）语义丰富性

数字图书馆资源聚合必须解决语义歧义、平面延展、语义关系等问题，而解决这些问题的有效途径就是丰富语义，即采用分类法、叙词表、本体、聚类、推荐、关联等方法提高语义的丰富性，本书选择三元组数量和实体数量两个指标对数字图书馆聚合资源的语义丰富性进行评价。三元组及主体、客体、

① 毕强，刘健，鲍玉来.基于语义相似度的文本聚类研究[J].现代图书情报技术,2016(12)：13-20.

② 刘宏哲，须德.基于本体的语义相似度和相关度计算研究综述[J].计算机科学,2012(2)：14-19.

谓词实体是资源描述框架（RDF）最小完整语义单位，资源、用户和标签三元组要素之间互为上下文关系，数据陈述中三元组数量越多，该资源所表达的语义关系越丰富，主体、客体、谓词信息越规范，则带来较大的数据资源扩展和互操作空间[①]。

（三）语义完整性

语义完整性指标侧重从语法角度对数字图书馆资源聚合质量进行评测，主要包括词表数据完整性、链接完整性、表述实体完整性。词表数据完整性是指基于语义聚合后的数字图书馆词表资源是否完整、命名空间是否声明。描述概念的术语词表越完整，越易于用户、相关机构及搜索引擎发现并利用隐含的数据，以发挥聚合资源的最大效用[②]。链接完整性则是指数据资源链接协议、服务器名称、路径、文件是否完整。而对数据资源拼写、缩写、描述格式、属性值是否完整的评价则归属于表述实体完整性范畴。例如，数据属性、路径的不完整，会给数据之间关联关系构建及语义动态发现带来困难[③]。

（四）语法有效性

语法有效性的二级指标包括类和属性有效性、数据类型匹配性。上述指标值可通过向接口提交查询语句对数据集进行数值统计，也可以基于陈述流方式将统计粒度细化到实例层[④]。对数据集中的类、属性、数据类型的统计结果，能够使用户对聚合后的数字图书馆数据资源有一个宏观的认识。类和属性未定义、数据类型错误、数据类型不匹配会对数字图书馆资源聚合质量产生多方面影响。例如，会影响对语法、句法的规则约束，从而影响数据收割、评估、管理及高质量的数字图书馆聚合资源发布[⑤]。

①　YEUNG C, GIBBINS N, SHADBOLT N.Understanding the semantics of ambiguous tags in folksonomies[J].CEUR Workshop Proceedings, 2007: 108-121.

②　赵翌帆.关联书目数据的质量控制与评价[D].山西大学，2016.

③　成全,周兰芳.关联数据的语义动态发现及关联构建机制研究[J].情报科学,2016,34(10): 90-96.

④　UER S, DEMTER J, MARTIN M, et al.LODStats-An Extensible Framework for High-Performance Dataset Analytics[C]//International Conference on Knowledge Engineering and Knowledge Management. Berlin, Heidelberg: Springer, 2012: 353-362.

⑤　姜恩波，王振蒙.关联数据质量评估研究综述[J].情报杂志，2016（4）：175-180.

（五）数据准确性

大数据时代的数据体量给基于语义展开数字图书馆资源聚合带来了机遇和挑战，对数据准确性也提出了更高的要求。数据准确性二级指标包括内容准确性和元数据准确性，对数据准确性的评价应从逻辑层面展开。内容准确性主要是指基于语义聚合后的数字图书馆数据资源文本准确性、图片是否缺失、图片分辨率高低等。例如，强调资源聚合效率带来的图片辨识度不高、追求聚合资源丰富性而造成的纸质文本同数字载体文本不一致都会降低数字图书馆资源聚合质量。元数据准确性要求元数据能够准确描述数据属性，应该从语义聚合建模源头开始对元数据进行控制，只有元数据准确性提高了，才能满足数字图书馆用户的期望[①]。

（六）主体权威性

在数据集成基础上，通过语义技术构建数据资源库，实现基于语义的知识关联，是数字图书馆资源聚合的核心目标。而数字图书馆主办方、运营方、资源提供方、聚合技术支持方作为知识流动的主体，其核心属性是知识提供方。因此，数字图书馆主体应具有使人信服的力量和技术专长，特别是在语义聚合领域，应具备知识编码能力，尤其是在隐性知识的编码方面。例如，维基百科词条质量与编辑者的信誉度值密切相关，并能将编辑者数量、编辑者信誉度作为变量构建数学模型对词条知识质量进行评价。同时，数字图书馆主体用于语义聚合的原始数据资源必须获得其他相关机构或个人的应用许可，这也是其主体权威性的重要体现。

（七）服务及时性

技术、感知、内容等体验因素都会影响数字用户对服务质量的感受与评价，但用户对语义和大数据视角下数字图书馆资源聚合质量的评价主要集中在资源更新及时性和人机交互及时性上[②]。增强语义的能力直接影响着语义深度，发现关联的能力则决定了关联广度，大数据技术的应用则能够在一定程度上摆脱人力资源、经费和时空的限制，理论上能够使得数字图书馆资源内容及时更

① 黄莺，李建阳.元数据质量评估方法及模型研究［J］.图书馆学研究，2013（12）：53-58.

② 董伟，贾东琴.基于用户视角的高校移动图书馆可用性影响因素实证研究［J］.图书馆工作与研究，2017（4）：60-66.

新，同用户的沟通和交互也变得更有效率。例如，针对用户提出的问题，智能机器人能基于语义从数字图书馆知识库中匹配答案并自动回复，机器创作在数字图书馆资源内容的生产上具有智能化、语义化的特点"。无疑，大数据技术和语义聚合技术的应用，将会深刻改变目前数字图书馆资源服务现状，极大地提高用户的满意度，也必然是数字图书馆资源聚合质量评价的关键指标①。

（八）资源丰裕度

资源丰裕度的二级指标包括数据资源重复性和数据资源类型及数量。资源丰裕度最初是对信息产品的生产能力和发展潜力进行测度的指标，资源丰裕度的二级指标主要是资源类型及数量②。大数据时代的数字图书馆资源具备大数据"海量、价值密度低"的特征，因而，在基于语义的数字图书馆资源聚合过程中，既要保障数据资源类型多样、数据海量，还要降低数据资源重复率，同时提高其价值密度，这也是评价数字图书馆资源聚合质量征的指标③。例如，美国数字公共图书馆（DPLA）作为大数据浪潮涌现的数字图书馆典型代表，其将美国所有图书馆、档案馆、博物馆的数字化资源进行聚合、汇集整理，形成了类型众多、数量庞大的数字图书馆资源，无论是各类图书馆、出版社、媒体，还是高等院校、研究院、中小学及家庭用户，均对 DPLA 的聚合资源质量及服务质量予以较高评价④。

（九）可视化程度

可视化程度指标是指数字图书馆基于语义聚合资源，采用大数据可视化技术，以"图"的方式呈现数据结果，使用户更加直观地理解和掌握数字图书馆聚合资源的多维语义信息及其各属性之间的关系、特征、模式、趋势程度的统计量⑤。例如，采用知识图谱形式呈现检索结果，让用户在短时间内清晰明了地

① 徐路.图书馆未来发展的关键趋势，面临挑战和重要技术－基于《新媒体联盟地平线报告：2015 图书馆版》的分析［J］.图书情报知识，2017（2）：28-34.

② 彭凤.信息资源丰裕系数测度模型评析及优化［J］.情报杂志，2006（6）：58-59.

③ 欧石燕，唐振贵，苏翡斐.面向信息检索的术语服务构建与应用研究［J］.中国图书馆学报，2016（2）：34-53.

④ 涂志芳，刘兹恒.美国数字公共图书馆的创新特点及对我国的启示［J］.图书与情报，2015（6）：53-59.

⑤ 李杨，郝志峰，谢光强，等.质量度量指标驱动的数据聚合与多维数据可视化［J］.智能系统学报，2013（4）：17-22.

获取更多信息。可视化程度的二级指标包括实时可视性和增强审视性。实时可视性是指基于大数据实时渲染技术，将基于语义聚合的数字图书馆云数据实时图形可视化、场景化。可视化后的数字图书馆聚合数据可读性强，能有效降低分析、理解、利用难度。总之，实时可视性强调"图"的动态性、交互性和及时性，增强审视性强调"图"的可读性和语义理解性。

（十）网络融合度

网络融合度基于"网络观"思想，从网络密度、K-核子网、接近中心性三个指标对数字图书馆资源聚合质量进行评价，并能揭示知识在主体间流动形成的复杂关系，进而反映语义聚合后的数字图书馆资源建设质量。密度较高的资源网络节点出度、入度的度值均较高，这说明文献间的引用和被引用频率较高，同时也说明数据资源较为丰富。K-核子网有关指标能够反映核心资源的网络关系，从网络关系入手，再延伸到聚合资源网络中的核心节点，则能反映核心数据资源的聚合质量。接近中心性指标能够弥补网络密度指标的不足，接近中心性较高的节点（网络社群）往往占据聚合网络的"高地"，并且独立性更强，通常其拥有的原创数据资源是独一无二的，这些节点（子网络）的资源聚合质量更高。

（十一）资源整合度

资源整合度衡量的是建立在细粒度数字图书馆文献资源基础上的资源扩展性、资源开放性、资源整合广度和资源整合深度。数字图书馆资源扩展性好，则同其他任何相关资源均能够基于语义而建立无缝连接，具有无限扩展性。而数据资源能够被开放存取，则更容易被外界，特别是搜索引擎发现和利用，能更有效地提高数据资源利用价值。资源扩展性和资源开放性指标更多地侧重对语义聚合下的数字图书馆资源外部特性的描述，而资源整合广度和资源整合深度指标则是对系统内部、外部的综合衡量。数字图书馆资源内外部整合程度高、能够统一检索、同其他相关资源集成度高、关系展示性强，则说明数字图书馆资源和外部资源在语义层次上的聚合质量较高。

三、评价指标体系的评价概况

（一）指标衡量

指标体系包括主观指标和客观指标两类。主观指标要采取专家组成员以用户身份体验数字图书馆服务，从数字资源聚合视角对各指标打分的方式进行度量；客观指标数据由本书研究团队采取直接下载、URL 信息编码抽取、数据接口采集、编程等方式获取。需要说明的是，因待评价的是数字图书馆资源"聚合"质量，所以主要衡量"聚合"后的数字资源质量。没有应用聚合技术和方法聚合数字资源，没有针对用户语义输入或使用习惯进行聚合数字资源个性化推荐，即便其数字资源类型较多、数量较大、更新及时，资源可视化很好，也不会获得较高的分值。

具体来说，检索结果相关度（I1）首先检视检索结果是基于输入信息的精确匹配、中心词匹配，还是基于输入信息语义的广泛匹配。如果检索结果是基于用户输入信息语义的广泛匹配并且同预期检索结果相关度较高，则应给予较高的分值。推荐结果相关度（I2）同 I1 指标类似，推荐结果必须是基于语义的广泛匹配才能有较好的评分表现。

三元组数量（I3）是基于直接获取、API 获取、编程获取的资源原始数据，统计完整包含资源、属性和属性值三元组的网络节点数量。实体数量（I4）是基于直接获取、API 获取、编程获取的资源原始，数据统计完整包含主体、客体、谓词的资源数量。I3、I4 指标评价虽然仍是以"聚合"的数字资源为前提，但进一步从语义丰富性予以考察。I3 的基础性数据通过 API、编程或直接方式获取，统计量为包含完整三元组的网络节点数量。I4 指标则以包含完整的主体、客体、谓词的资源数量为基础。

词表数据完整性（I5）由数字图书馆词表资源、概念术语词表完整决定[①]。链接完整性（I6）衡量聚合后的数据资源服务器名称、路径、链接协议、文件完整程度。表述实体完整性（I7）则衡量数据资源描述格式、拼写、缩写、属性值的完整性[②]。I5、I6、I7 指标审视数字图书馆聚合后的资源的语义完整性。

类和属性有效性（I8）由聚合资源数据集是否定义了所有的类和属性，对语法、句法的规则约束是否完整来决定。数据类型匹配性（I9）由聚合资源数据集数据类型是否准确、数据字段长度是否匹配决定[③]。I8、I9 指标基于语义视角，考察图书馆聚合后的资源数据集的语法有效性。

① 吴贝贝，夏翠娟. 关联书目数据模型比较研究［J］. 图书馆杂志，2015（5）：74-82.
② 孙琛琛，申德荣，寇月，等.面向关联数据的联合式实体识别方法［J］.计算机学报,2015(9)：29-44.
③ 雷炳旭，朱江，姜恩波.基于众包的开放会议资源建设：以开放会议资源服务系统为例［J］.图书情报工作，2015（2）：90，120-124.

内容准确性（I10）由文本准确性、图片是否缺失、图片辨识度决定[①]。元数据准确性（I11）取决于元数据描述聚合数据资源属性的准确程度[②]。I10、I11指标也是基于语义视角，衡量内容数据和元数据的准确性。

资源主体可信度（I12）衡量数字图书馆主办方、资源提供方、运营方、聚合技术支持方的权威性。主体协议许可率（I13）首先基于资源原始数据统计版权方的名称和数量，然后根据数字图书馆版权声明或同其运营方联系确定已签订主体协议的版权方名称，最后通过计算已授权资源和全部资源数量比值作为主体协议许可率（若相关数字图书馆运营方有此数据可直接提供）。I12、I13指标主要体现主体权威性，并重点参考聚合技术应用和数字资源聚合实施经验进行评分。

资源更新及时性（I14）参考聚合资源内容更新频率进行评分。人机交互及时性（I15）参考对用户的交互需求是否能够及时基于机器智能技术回应打分。I14、I15指标要求专家从服务及时性予以审视，并注重对基于语义的聚合资源更新速度、频率及同用户的智能交互等方面的衡量。

数据资源重复性（I16）是指聚合数据资源价值密度以及重复率。数据资源类型及数量（I17）衡量聚合资源类型丰裕度、数量以及主流文献资源覆盖率[③]。I16、I17指标从语义和发现关联融合视角，考察数字图书馆资源丰裕度。

客观指标 I16 的基础数据按照 $\dfrac{1-\alpha}{\beta} * \dfrac{\sum\limits_{j=1}^{m}\sum\limits_{j=1}^{n}\dfrac{\gamma_i}{\delta j}}{mn} *$ 公式计算，其中 α 为重复的样本数据资源数量，β 为所有样本资源数量，δ 为资源内容字节数，m 为所有样本资源字节数。n 为关键字重复字节数，样本资源采取利用爬虫工具 Post 关键字抽样的形式获取。

实时可视性（I18）强调聚合结果应基于大数据实时渲染技术进行图形可视化，并衡量面向用户的场景化水平。增强审视性（I19）对可视化后的聚合数据可读性以及分析、理解、利用难度进行衡量[④]。I18、I19指标亦从语义和发

① 毛华超，彭功状，张和明，等.面向模型粒度控制的多分辨率建模方法［J］.系统仿真学报，2015（11）：12-19.

② 黄莺.元数据质量的定量评估方法综述［J］.图书情报工作，2013（4）：145-150.

③ 欧石燕，胡珊，张帅.本体与关联数据驱动的图书馆信息资源语义整合方法及其测评［J］.图书情报工作，2014（2）：7-15.

④ 邱均平，方国平.高校图书馆语义化馆藏资源深度聚合模式及其应用研究［J］.图书馆学研究，2014，35（21）：64-71.

现关联融合视角，考察采用发现关联和可视化技术，对基于语义聚合后的数字图书馆资源进行可视化的程度。

网络密度（I20）、K-核子网（I21）、接近中心性（I22）是"网络观"思想下的社会网络分析指标，分别是指聚合资源融合网络的节点密度、核心节点网络规模以及中心节点不受其他节点控制的能力[1]。I20、I21、I22指标从发现关联视角出发，对图书馆聚合资源网络融合度进行衡量。上述指标样本数据通过网络爬虫获取图书馆聚合网络所有节点以及部分资源的链入、链出关系，以链接关系为边，以数字图书馆为节点，构建数字图书馆资源聚合网络。其中，I20指标使用Gephi软件直接计算网络密度值。I21指标基于原始数据形成的语义网络，使用Gephi软件的滤波工具，找到最小K-核子网，将最小子网的K值作为K-核子网的指标值。I22指标基于以待评价数字图书馆为中心的语义网络，使用Gephi软件计算待评价数字图书馆的接近中心性。

资源扩展性（I23）是指数据资源同其他任何相关资源的无缝连接、无限扩展性。资源开放性（I24）是指聚合数据资源容易被外界发现与利用的程度。资源整合广度（I25）描述数据资源内部整合、外部整合、不同系统整合的程度。资源整合深度（I26）侧重数据资源统一检索、同其他相关资源集成度和关系展示性[2]。上述指标对图书馆聚合资源整合度予以衡量，重点反映聚合技术应用带来的数字资源延展性和开放性。

（二）评价方法及过程

模糊综合评价方法是基于模糊数据隶属度计算方法，将定性的、受到多种因素影响的事物或对象评价转化为一个总体的定量评价。数字图书馆资源聚合质量评价指标存在非确定性、难以量化等问题，适用于模糊综合评价方法。

模糊综合评价方法的具体步骤如下。

（1）确定评价对象的因素集。数字图书馆资源聚合质量的因素集U是由三个层次的因素构成的。第一层次的因素集为

$$E = \{A_1, A_2, A_3, A_4, A_5, A_6, A_7, A_8, A_9, A_{10}, A_{11}\}$$

其中第一层次的因素 A_i; 是由第二层次的因素 I_i 构成的，可以表示成为

① 王晰巍，赵丹，张长亮，基于社会网络的新媒体网络舆情信息传播研究－以反腐倡廉话题为例［J］. 情报杂志，2016，35（3）：103-110.

② 蒋勋，徐绪堪，唐明伟，等，适应突发事件演化的知识表示模型研究［J］. 情报理论与实践，2016（3）：126-128，138.

$A_1 = \{I_1, I_2\}$ ，　　$A_2 = \{I_3, I_4\}$ ，　　$A_3 = \{I_5, I_6, I_7\}$ ，　　$A_4 = \{I_8, I_9\}$ ，

$A_5 = \{I_{10}, I_{11}\}$ ，$A_6 = \{I_{12}, I_{13}\}$ ，$A_7 = \{I_{14}, I_{15}\}$ ，$A_8 = \{I_{16}, I_{17}\}$ ，$A_9 = \{I_{18}, I_{19}\}$ ，

$A_{10} = \{I_{20}, I_{21}, I_{22}\}$ ，$A_{11} = \{I_{23}, I_{24}, I_{25}, I_{26}\}$

A_i 及 I_i 的具体含义如表 5–1 所示。

（2）确定评价对象的评语集。本书采用李克特量表对数字图书馆资源质量进行评价，由此确定的模型中的评价结果包括 5 个等级，表示为

$V = \{V_1, V_2, V_3, V_4, V_5\} = \{较差，一般，好，较好，非常好\}$

（3）确定评价因素权重向量。本书使用层次分析法进行相关权重的确定。

（4）构建单因素模糊评价矩阵。

（5）计算每个单因素的等级评定，得到模糊关系矩阵 R，表示为

$$R = \begin{bmatrix} r_{11} & r_{12} & \cdots & r_{1n} \\ r_{21} & r_{22} & \cdots & r_{2n} \\ \cdots & \cdots & \cdots & \cdots \\ r_{m1} & r_{m2} & \cdots & r_{mn} \end{bmatrix}$$

（6）指标模糊综合评价运算。模糊评价结果向量 B 是由权重向量 A 与模糊关系矩阵 R 合成得到的，可表示为 $B = A \cdot R$。

（7）确定综合评价结果。按照最大隶属度或者加权平均法，以 B 为依据确定最终模糊评价结果。最大隶属度以 5 个评价结果中最大值归属的那个类别为最终评价结果。若最大隶属度法的有效性（ $max\ R_i\ /\ sec\ R_i$ ）结果小于 2，则应采用加权平均法。把评价等级隶属度作为权重，进行量化后加权求和。

第六章 数字图书馆特色服务

第一节 数字图书馆特色服务概述

图书馆理念的转变和服务工作的创新是顺应时代发展的需要，而特色服务则是各类型数字图书馆的亮点。

关于数字图书馆特色服务，目前暂无完全统一的概念。冯琼综合各家观点，并分析了对数字图书馆特色服务含义的三种不同理解：其一，特色服务是本馆"独家经营"的服务，即"人无我有"；其二，特色服务是图书馆界"众家经营"中的优质服务，即"人有我优"；其三，特色服务是数字图书馆系统化建设的综合表现，是建立在"人无我有，人有我全，人全我优"的竞争基础上，在传统服务基础上开创的新的服务项目、服务方式和服务理念，是数字图书馆服务形式、服务内容、服务效果完美统一的产物，具有独特性、针对性、创新性和多样性的特点。因此，可以这样来理解特色服务：凡以某种特色藏书、某种特色服务形式和某一特定用户群为专门服务对象的服务就是特色服务。从根本上讲，数字图书馆特色服务的目的就是以"服务用户"这一宗旨为前提，以本馆的一切资源为基础，为用户提供系统的、有针对性的、富有成效的服务[①]。数字图书馆特色服务的主要宗旨是突出自身的资源、服务优势，在为用户服务中收到特殊的效果。要求数字馆藏资源、服务方式及手段上有别于以往的图书馆，以针对性强、专业化程度高、优势突出等特点，在为用户服务中发挥特殊的作用。

---

① 冯琼.图书馆特色服务理论探索与实践：以广东省高校图书馆为例［J］.河北科技图苑，2010（3）：18-21.

图书馆之所以能够得以长效地、可持续性地发展，是因为在服务中保持了特色。如果没有特色服务理念、特色服务方式和特色服务内容，就不可能开展各种新颖的特色服务项目。特色服务本身同时又具有区别于其他图书馆的服务方式。数字图书馆特色服务是图书馆顺应改革需要，从内部运行机制入手，实现用户服务的完善和深化的必然结果。数字图书馆特色服务不同于传统的服务，它是图书馆主动开展社会需求调查，根据调查结果建立特色服务方式，并按照用户需求搜集信息的服务项目。深化我国数字图书馆特色服务，是一项涉及面广泛、内容丰富的工作，需要在理论上深入研究，在实践中大胆探索。

第二节　依托特色资源开展特色服务的途径

数字图书馆依托特色资源开展特色服务的途径主要体现在数字馆藏资源的特色化建设、特色数据库的开发、服务方式的特色化和服务对象的特色化4个方面。

一、数字馆藏资源的特色化建设

在文献数字化、网络化的今天，建设数字特色馆藏是图书馆界的共识。数字图书馆要想提供特色服务，必须先搞好特色馆藏，注意优化馆藏结构，突出特色。这样，每个图书馆可以凭借自身特色数字馆藏优势，开展特色服务。各类图书馆的特色馆藏建设要以在不同学科和专业上有所侧重的方式来开展，因为馆藏学科、专业是一个图书馆资源的生命力所在，是各类图书馆办馆特色的重要标志。数字图书馆只有开发特色馆藏信息资源，建立馆藏的各类文献数据库，并尽快使这些数据库标准化、规范化，逐步形成"你无我有，你有我全，你全我精"的特色，将有特色的信息产品推向网络，推向市场，实现协作收藏与资源共享的统一，才能在信息市场中占有一席之地，才能更好地为用户服务。

二、特色数据库的开发

为了吸引用户，确定不同类型数字图书馆在网络上的地位，一方面应努力挖掘网上的特色资源，建立自己的特色馆藏；另一方面还需努力开发自己的特色数据库。网络化建设的基础是建立健全的具有本地区、本专业特色的数据库。特色馆藏建设模式应是实体特色馆藏建设和虚拟数字特色馆藏建设的结合。数字特色馆藏建设比实体特色馆藏建设更重要，难度更大。

特色数据库的特点就是充分展示本地区、本部门、本专业的特色资源。我国数据库建立之初，缺乏统一规划，导致数据库结构不合理，重复建设额情况严重，规模、容量、产值较低，服务能力差，数据库联网少，资源共享程度不高。随着因特网在全球范围内的迅速发展，信息存储和检索的地理界限被打破，人们自由查询各种信息成为可能。特色数据库要求图书馆走信息资源专业化、特色化的道路，摒弃"大而全、小而全"的藏书建设观念。数字图书馆纳入全球信息网络是历史发展的必然。因而，应自觉地协调收藏范围，彼此不重复，实现各具特色的信息资源构建的网络环境，达到资源共享的目的，满足广大用户对信息资源的多种不同需求。

三、服务方式的特色化

特色藏书体系、特色数据库的建立，为开展特色服务创造了良好的前提条件。现代图书馆藏书的目的是"藏为所用"而不是将所藏的文献"束之高阁"。这就要求以特色的服务方式开发特色馆藏从而提高特色馆藏文献的利用率，扩大数字图书馆的服务范围，"激活"图书馆的特色资源。

各类型图书馆应该把传统的用户服务与现代网络技术相结合，彻底摆脱传统的、被动的服务模式，主动积极地利用网络环境下的信息资源，为用户提供更方便、更快捷、更现代化、更科学的特色信息服务。开展开放式和远程式的网上服务，借助内部局域网、校园网所提供的特色数据库，为连接在网络上的任何一台机器上的用户提供最新信息，并为用户提供信息导航服务。根据用户需求，对网上信息进行优化、整理和深层次开发，开展为用户检索、筛选和加工专项信息的服务，开展用户咨询和培训服务，逐步尝试个性化服务，培养用户的信息意识、网络的基本知识，以及如何利用各种网络检索工具，从而增强用户获取网络信息的能力。

四、服务对象的特色化

特色化服务对象是指特定的用户群。特色化服务对象一般包括重点用户，多是指在某一专业或某一领域具有较高学术水平的专业工作者、决策者，或是对此感兴趣的用户，他们利用特色文献的目的是为了研究和学习。同时，还包括某些特殊对象，如盲人、聋哑人、病人、犯人、老人、小孩等。

第三节　数字资源特色服务内容

数字资源服务是数字图书馆针对各类用户的具体服务窗口，也是其服务能力的直接体现，其核心是资源的发布与检索，并且是数字图书馆的核心指标之一。例如，国家数字图书馆的建设指标中确定了图书馆必须具备平均 100 000 次 / 分钟检索请求能力，峰值为 10 000 次 / 秒检索请求能力的技术指标。

一、统一检索

统一检索有一个更为常见的名字——跨库检索（Cross-Database Search），除此以外，还有异构资源检索、多数据库检索、集成检索、一站式检索等名称。不论何种名称，其基本思想就是同多个异构数据库实现信息检索。这种需求源自于数字图书馆数字资源库复杂和异构的现实情况，结果就是用户为了检索某个内容需要反复登录到不同系统当中去查询。如果这些数据只有几个，问题也许并不大。但是对于一个大型数字图书馆而言，让用户重复几百次同样的检索操作是一个不可想象的行为，更不要说要在几百个结果列表中去比对并查找所需的结果。因此，统一检索系统的出现是数字图书馆数据库来源多样性和结构差异化的必然结果。

统一检索系统的基本处理方法：向用户提供一个统一的检索接口和界面，在获取了用户的检索请求后，将其转化为不同数据源的检索表达式，检索本地和广域网上的多个分布式异构数据源，并对检索结果加以整合，经过去重、排序等操作后，以统一的格式将结果呈现给用户。整个过程无需用户反复登录和检索，大大提高了用户使用效果。

对于有限的数据源而言，这一工作看起来并不复杂。但现实是，数据源的数量往往非常庞大。例如，CALIS 的统一检索系统就整合了 125 个中文数据库和 129 个西文数据库。更糟糕的是，这些数据库的结构差异很大，各个数据库的关键字段不完全一致，无法实现一一对应，这在不同类型资源库之间尤其显著。还有许多难以处理的实际问题，如有些数据库可能很老，采用的是 C/S 模式，而不是现在普遍采用的 B/S 模式；B/S 方式检索时，源数据库的网页规范程度不高，导致解析错误；全文访问权限受限；为保证系统兼容而进行耗时耗力的人工巡库维护工作等。因此，在实践过程中如何减少数据库异构带来的困难，提高数据的查全率和查准率是统一检索的难点所在。

目前，较为有名的国外的统一检索系统有 MetaLib、MAP、Zportal、WebFeat 等。我国图书馆常用的统一检索平台主要有清华同方异构统一检索平台（USP）、CALIS 统一检索平台、TRS 资源整合门户、天宇异构资源统一检索平台、Metalib 学术资源门户、江苏汇文一站式检索平台（URS）、国家科学数学图书馆馆库检索系统（CSDL）等。从实践效果来看，这些系统在查全率、查准率等方面都还有很大的提升空间。

统一检索是数字图书馆资源服务的一个理想目标，它将数字图书馆的网络门户变成所有知识库的一个统一入口，人们只需要一次检索就可以准确获得所有相关数据的理想结果，从而极大地提高了人们获取信息的能力和效率。

二、虚拟参考咨询

虚拟参考咨询（virtual reference），又称数字参考咨询（digital reference）、在线参考咨询服务（online reference）、远程参考咨询（remote reference），是数字图书馆利用网络技术推出的一种参考咨询服务形式，是图书馆传统业务在网络环境下的延伸。在虚拟网络环境下，图书馆馆员可以接收来自世界各地不同用户提出的各类问题。CALIS 在 2004 年就完成了分布式联合虚拟参考咨询系统的技术标准规范，确定了功能完善的总咨询台轮流值班、本地咨询台互补，知识库分布检索，馆员、专家联合咨询等具体的联合服务方式，并在高校图书馆系统内进行了推广。

虚拟参考咨询在具体功能实现时采用的技术有非实时参考咨询技术（FAQ、E-mail、表单、留言板、BBS）、实时参考咨询技术（Blog、Wiki、IM、RSS、视频会议）、呼叫中心技术、协同浏览技术等。

无论是从技术层面，还是从业务层面来看，虚拟参考咨询系统对于数字图书馆服务能力和服务效果的提升都发挥着显著作用。

然而，在互联网高度发达的今天，尽管虚拟参考咨询使用了很多最新的技术，服务效果也不错，却难以引起普通民众的关注。导致这一现状的原因是参考咨询所提供的文献一般都是学术资料，与普通民众生活相距较远，而且相比于互联网时代的其他开放信息服务，虚拟参考咨询对于网络的利用并不充分。在信息时代背景下，互联网最强大的力量来源于普通民众，网络社会强调的是"人人共享，人人服务"，由大家一起出力来解决问题，互联网上的知识平台应该是一个开放的服务平台，一个大众都可以有效参与的平台，一个依靠大多数人智慧的平台，平台的管理员仅仅是秩序的维护者和基本服务的提供者。而现有的虚拟参考咨询还只是传统图书馆服务理念的延伸，靠的是有限的专业人员来解答问题。

三、馆际互借

馆际互借（inter-Library loan，ILL）是图书馆领域的一个传统业务，其目的在于通过各个成员馆之间的协作，实现资源共享、服务共担、优势互补。数字技术的出现给了该业务新的动力，网络的出现使得馆际互借的效率大大提高，并能够实现 7×24 的服务方式。而资源普遍数字化后，特别是数字图书馆的出现，使得馆际互借在运作形式上发生了巨大改变，其不再需要物流过程，从而极大地提高了响应速度，降低了运行成本。

从服务类型上来说，馆际互借包括返还式馆际借阅、非返还式文献传递以及代查代索三种方式。但是对于数字图书馆而言，只有非返还式文献传递与其业务形态完全一致，返还式馆际借阅和代查代索实质上还是传统业务的延伸，属于图书馆业务自动化范畴。不过，这并不意味着数字图书馆在馆际互借方面能力不足。在网络发达的今天，人们对于时间和效率的要求很高，传统的文献索取方式，成本高、时间周期过长，因此，即使对于传统图书馆而言，服务内容也主要以非返还式文献传递为主。

在馆际互借系统建设方面，CALIS 有着最为成功的经验。CALIS 通过采用馆际互借国际标准协议 ISO 10160 和 ISO 10161 成功开发了一套基于协议的标准化馆际互借系统，并于 2004 年 6 月启动了"CALIS 馆际互借与文献传递服务网"（简称"CALIS 文献传递网"或"文献传递网"）。该文献传递网由服务馆与用户馆组成，其中服务馆是指利用 CALIS 馆际互借与文献传递应用系统提供馆际互借服务的图书馆，用户馆是指从服务馆获取馆际互借服务的图书馆。截至 2007 年 1 月，"CALIS 文献传递网"共有服务馆 46 家，基本覆盖了全国服务水平、服务能力较高的高校图书馆，共同担负着推动全国高校图书馆馆际互借服务的重任，为全国高校图书馆馆际互借服务的发展提供了参考。但是，我们也应看到馆际互借这一传统图书馆服务的延伸机制在网络时代下的不足。一是响应速度太慢。即使利用了 CALIS 馆际互借，其平均首次响应时间也要 2.22 天，平均完成时间则要 2.63 天，如果是返还式馆际借阅，还需要物流，时间则要大大延长。二是收费过高。以吉林大学图书馆为例，其每页资料的复制费用达 0.3 元，复制包括复印、扫描和普通传递（E-mail、CALIS 文献传递、Ariel 文献传递、平寄、挂号、传真和用户自取）。

四、联合编目

联合编目，又称联机联合编目，是指利用计算机和网络，由多个图书馆共同编目，合作建立具有统一标准的文献联合书目数据库，并在此基础上实现共享编目成果。即任何一名授权成员馆对入馆新文献编目上载以后，其他馆就可以从网上查询并下载，从而大大减少书刊编目工作中的重复劳动，提高了信息加工效率和书目数据质量。联合编目的意义：首先，减少重复劳动，提高效率，降低用户编目成本；其次，通过各成员馆采用统一标准的形式，大大提高编目质量，实现数据的规范化与标准化，促进书目记录的交换；最后，通过编制联合目录，有利于沟通馆藏信息，为实现文献资源合理配置、建立协调采访系统创造条件。我国主要的联合编目机构有国家图书馆牵头的全国图书馆联合编目中心（OLCC），高等教育文献保障中心（CALIS）的联机合作编目中心，中国科学院国家科学图书馆的联机联合编目系统（UNICAT），上海市文献联合编目中心（SIUCC），以及由深圳图书馆、湖南图书馆、福建省图书馆、上海图书馆、天津图书馆、辽宁省图书馆共同创建的地方版文献联合采编协作网（CRLNet）等。

联合编目的初始目标是通过馆际之间的联合，降低重复劳动，提高编目质量，实现信息资源的共享。但是由于历史、管理体制等因素，现在已形成了多个规模较大的联机编目中心，这就必然导致在标准规范、质量控制、协作共享等方面产生很多具体的问题。最为典型的就是同一书目的数据在不同体系下所编制的数据并不一致，出现了"加入的编目中心越多，工作量越大"的现象，同时也影响了相互间的合作。

面对这种现状，最理想的解决方案是形成一个统一的编目中心，或者几个大型编目中心在规则和标准方面达成一致。但是由于管理、经济等方面的因素，这一目标并不容易达成。

然而，信息化的浪潮可能会对这一局面产生意料之外的直接冲击。从传统意义上来说，编目（尤其是联合编目）从是图书馆的专业领域，但是随着社会信息化的发展，新的编目体制也介入了这一领域。以我国为例，新闻出版总署就推出了在版编目（cataloging in publication，CIP）系统，新闻出版总署发布的《关于进一步加强图书在版编目作的通知》"（新出厅［2005］第 98 号）规定，

"新闻出版总署信息中心作为CIP数据的唯一制作单位，负责CIP数据的制作，任何单位不得自行制作。CIP数据是出版社申报"工作表"的唯一依据，这使得该标准有了权威性。虽然现阶段CIP主要用于出版管理，但是随着数字出版和数字阅读的普及，很难说类似的体系不会直接进入图书流通和应用领域。虽然它不足以影响传统图书馆的印本介质编目活动，但对于数字资源，也就是数字图书馆的信息管理可能会产生直接影响。

更为重要的是，在信息社会中，电子出版物，尤其是电子图书的出版、发行、销售和阅读平台，将进一步融合，新环境下书目的管理和使用将具有更多的市场特性，同时与用户的关联更加紧密，传统的图书馆联合编目在机制上将受到更大的挑战。2007年11月30日，美国国会图书馆的书目工作组发布了《书目控制未来报告》草案，指出"书目控制未来将是合作的、去中心化的、国际范围的、基于Web的。它的实现将出现在与私营机构的合作、与图书馆用户的积极协作中。数据将从不同来源获取，变化将迅速出现，书目控制将是动态的而非静态的"。这表明国际图书馆界已经认识到，在信息化环境下编目体制将要发生变革，不仅要改变编目技术手段，还要与整个社会信息服务体系的信息化进程紧密联系。

第七章　数字图书馆服务链模式

第一节　服务链与供应链

为区别于通常意义上的物流供应链（supply chain，SC），服务链（service chain）是服务供应链的简称，是一种面向服务的供应链，是当前供应链研究的一个热点和重点。

目前，对服务链还没有一个统一的定义，胡正华等认为服务链是以现代信息技术、物流技术、系统工程等现代科学技术为基础，以最大限度地满足消费者需求为出发点，把与服务有关的各个方面按照一定的方式有机地组织起来，形成完整的消费者服务网络[①]；

随着服务业的发展，更多的相关行业企业开始加入服务链，服务链社会化是服务链发展的必然趋势，也是社会进步的标志之一。对社会来说，服务链能提高服务效率，扩大服务面。对服务企业来说，服务链能降低企业运作成本，减轻企业工作压力，提高服务质量。

总之，服务链是一种特定的供应链，供应链的定义、特征及分类理论也适用于服务链。

一、供应链的定义

供应链的概念讲最早可追溯至 20 世纪 40 年代后期的物流，概念的确切提出是在 20 世纪 80 年代初，但到目前为止还没有形成统一的定义，国内外学者从不同角度对供应链做出了不同的诠释。比较典型的供应链定义如下所示。

---

①　胡正华，宁宣熙. 服务链概念、模型及其应用［J］. 商业研究，2003（7）：115–118.

黄小原等认为，供应链是包括供应商、制造商、销售商在内，涉及物流、资金流、信息流的企业网络系统[①]。

克鲁姆（Simon Croom）等认为，供应链是一个组织网络，所涉及的组织从上游到下游，在不同的过程和活动中对交付给最终用户的产品或服务产生价值[②]。

里德尔斯（Riddalls）认为，供应链是为满足顾客需求而相互联系起来的商业企业系统[③]。

蓝伯雄等认为，供应链是原材料供应商、零部件供应商、生产商、分销商、零售商、运输商等一系列企业组成的价值增值链[④]。

国家标准《物流术语》对供应链的定义是生产及流通过程中，涉及将产品及服务提供给最终用户的活动的上游和下游企业所形成的网链结构。

另外，还有很多学者都对供应链提出了定义，但各自的侧重点不同，涉及的范围也不同，所以没有形成统一的定义，但他们都有一个共同点，就是涉及所有直接或间接实现顾客需求的活动或功能，把执行这些活动或功能的不同实体看成一个有机整体，并且都强调了供应链的增值作用。

综上所述，我们给出一种新的供应链的定义：供应链是指为满足顾客需求，从获得原材料开始，经过制造成为中间产品和最终产品，直到由销售网络将最终产品送到顾客手中的，与产品制造和服务有关的，将供应商、制造商、分销商、第三方物流提供商、零售商及最终顾客有机连接起来的网络系统。

二、供应链的主要特征

供应链由供应商、制造商、分销商、第三方物流提供商、零售商及最终顾客构成网链式结构，是具有采购、运输、生产、销售等功能的人造系统，系统中各节点企业之间是一种需求与供应的关系。供应链的结构决定了它具有以下几个特征。

（1）整体性。供应链是由两个或两个以上的独立企业（环节、子系统）组

① 黄小原，李宝家. 供应链集成化动态模型与控制［J］. 系统工程学报，2001（4）：16–22.

② CROOM S, ROMANO P, GIANNAKIS M.Supply chain management: an analytical framework for critical literature review[J].European Journal of Purchasing & Supply Management, 2000, 6（1）: 67–83.

③ RIDDALLS C E, BENNETT S, TIPI N S.Modelling the dynamics of supply chains[J]. International Journal of Systems Science, 2000, 31（8）: 969–976.

④ 蓝伯雄，郑晓娜，徐心. 电子商务时代的供应链管理［J］. 中国管理科学，2000（3）：2–8.

成的。整体功能大于各部分功能之和。

（2）复杂性。供应链往往是由多个、多类型的节点企业构成的，所以供应链的结构模式比一般单个企业的结构模式复杂。

（3）相关性。供应链内各要素之间是相互联系的，各部分的特征和行为相互制约、相互影响。

（4）目的性。供应链系统是一个整体，它要完成一定的任务，或者说要达到一个或多个目的。

（5）动态性。供应链管理因发展战略和快速适应市场变化的需要，其合作伙伴的体系并非一成不变，其中节点企业要动态更新。另外，供应链总是处于生产要素不断输入和产品不断输出的一种动态过程中。

（6）随机性（不确定性）。供应链中有很多随机因素（不确定因素），这些随机因素可能来源于构成供应链的每一个环节，从而使供应链的某些性质具有随机性。

（7）环境适应性。供应链系统存在于一定的物质环境之中，它必然要与外界环境产生物质、能量和信息的交换，为了保持和恢复系统的原有特性，其必须具有对环境的适应能力。

（8）综合应用高技术的经济实体。供应链及供应链管理所涉及的学科和技术十分广泛，供应链必将形成一个浓缩 IT 技术、人工智能技术、管理技术等多学科、多领域的经济实体。

三、供应链的分类

根据节点企业在供应链中的地位和作用，以及供应链总体在市场竞争中的形式，可将供应链分为战略匹配型结构、核心企业支配型结构和网络模式的虚拟结构三类。

（1）战略匹配型结构。战略匹配型供应链中各节点企业的地位一般是平等的，企业之间强调强强联合和"双赢"，寻求战略伙伴来弥补自身的"战略缺口"，通过整合核心能力来增强供应链整体的综合竞争能力。这种联盟结构的供应链通过降低交易成本、资源依赖的暂时性，提高企业的灵活性和快速反应能力等来降低经营成本，提高经营管理效益。

（2）核心企业支配型结构。核心企业支配型供应链主要存在于一些行业性的大型企业中，如汽车行业、石化行业等。另外，围绕世界上一些大型知名公司所构成的加盟供应链，如沃尔玛、戴尔等，亦是核心企业支配型供应链。在这类供应链中，总有一个企业或实体处于主导地位，它是供应链的利益主体，我们称该实体为核心企业，核心企业是供应链的物料调度中心、信息处理中心和协调决策中心。核心企业支配型供应链具有以下特点：可以减少或消除信息失真和放大的现象；有利于从全局出发优化供应链中的物流、信息流及资金流；有利于扩大企业的经营规模。

（3）网络模式的虚拟结构。因特网、交互式 Web 应用以及电子商务的出现，改变了供应链的结构，传统意义上的经销商功能弱化，其功能被电子商务所取代。在网络模式的虚拟结构供应链中，企业或顾客通过因特网进行有效连接，形成开放式的全球网络供应链，其中企业可以具有顾客与供应商双重身份，而 IT 担任了经纪人的角色。因特网为各企业实体提供了理想的信息共享平台，具有共同目标驱动的企业实体能够快速聚集和融合各自的核心能力与资源，构成临时性联盟 – 虚拟供应链。同时，根据内外环境的变化，及时动态调整和重构现行供应链以保证对市场的快速反应和满足顾客的个性化选择。

在网络模式的虚拟结构供应链中，"网络经纪人"（能处理巨量信息的供应商、制造商、分销商、零售商甚至顾客）担当着核心企业的角色，它根据掌握的市场及相关经济主体的信息快速组建供应链以满足顾客的需求。

第二节　供应链管理

一、供应链管理的定义

关于供应链管理（Supply Chain Management，SCM）的定义有多种不同的表述。

兰伯特（Doglas M. Lambert）等认为，SCM 是从原材料供应商一直到最终用户的，为顾客和其他股东提供增值的产品、服务和信息的关键业务过程的集成[1]。

---

[1]　LAMBERT D M, COOPER M C, PAGH J D.Supply Chain Management: Implementation Issues and Research Opportunities[J].The International Journal of Logistics Management, 1998, 9（2）: 19.

汉德菲尔德（Robert B. Handfield）等[1]认为，SCM通过改善供应链关系的那些活动的集成来达到持续竞争优势。

拉默斯（Rhonda R. Lummus）等[2]认为，SCM可以表述为"涉及从原材料开始直到将产品递送给顾客的所有活动，包括获取原材料和部件，制造和装配，仓储和库存追踪观察，订单进入和订单管理，穿过所有渠道的配送，递送到顾客手中，以及必需监控的所有这些活动的信息系统。SCM协调和集成所有这些活动"。

辛奇 - 利维（David Simchi-Levi）库存有效集成，为了总成本最小和满足需求的服务水平，使商品在正确的数量、正确的地点和正确的时间生产和分销。

派克（David F. Pyke）认为，SCM是指对从供应商开始，经制造和配送，到达最终顾客的跨过整个供应链的物流、信息流和资金流的管理。它还包括售后服务和反向流动，如处理顾客退货、重复利用包装物和废弃产品。与协调单一公司多个场所库存的多级库存管理相对应，SCM包括多个公司之间有关信息流、物流和资金流的协调[3]。

马士华等认为，SCM是通过前馈的信息流（需方向供方流动，如订货合同、加工单、采购单等）和反馈的物料流及信息流（供方向需方的物料流及伴随的供给信息流，如提货单、入库单、完工报告等），将供应商、制造商、分销商、零售商直到最终用户联成一个整体的模式[4]。

陈国权认为，SCM是对整个供应链系统进行计划、协调、操作、控制和优化的各种活动和过程，其目标是要将顾客所需的正确的产品（right product）能够在正确的时间（right time）、按照正确的数量（right quantity）、正确的质量（right quality）和正确的状态（right status）送到正确的地点（right place），即

[1]　HANDFIELD R B, NICHOLS JR E L.Introduction to Supply Chain Management[M].Upper Saddle River: Prentice Hall, 1998.

[2]　LUMMUS R R, VOKURKA R J.Defining supply chain management: a historical perspective and practical guidelines[J].Industrial Management & Data Systems, 1999, 99（1）: 11-17.

[3]　PYKE D F, JOHNSON M E.Supply Chain Management: Integration and Globalization in the Age of Ebusiness[R].Hanover: Tuck School of Business at Dartmouth, 2001.

[4]　马士华，王一凡，林勇.供应链管理对传统制造模式的挑战［J］.华中理工大学学报（社会科学版），1998（2）：65-68.

"6r"，并使总成本最小 [①]。

国家标准《物流术语》对 SCM 的定义是利用计算机网络技术全面规划供应链中的商流、物流、信息流、资金流等并进行计划、组织、协调和控制。

美国物流管理协会（CLM）对 SCM 的定义是包括对涉及采购、外包、转化等过程的全部计划和管理活动，以及全部的物流管理活动。更重要的是它也包括渠道伙伴之间的协调和协作，涉及供应商、中间商、第三方服务供应商与顾客 [②]。

虽然 SCM 的定义不同，但基本思想是一致的，都强调一种集成的管理思想和方法，把供应链上的各个环节有机结合，实现供应链整体效率最高，即企业通过整合供应链的关系，优化供应链中的信息流、物流、资金流，以获得整体的竞争优势，提高市场反应速度和综合竞争能力。从 20 世纪 90 年代后期至今，更加强调供应链的集成与协调。

二、供应链管理的关键要素

供应链的目标是最大化所产生的总价值。SC 所产生的价值是指顾客愿意支付最终产品的价值与 SC 在满足顾客要求所付出代价之间的差额，它与 SC 的收益紧密相关。SC 的收益是指顾客所带来的收入与整个 SC 的全部成本之间的差额，是 SC 各阶段所分享的全部利润。SC 收益越高，SC 绩效越好，SCM 就越成功。显然，要想使 SCM 成功，就得找到 SC 收入与成本的来源，然后处理好它们的关系。对于任何 SC，其收入的唯一来源是顾客，而 SC 中所有的信息流、物流和资金流都要发生成本。这样一来，也就提出了如何协调好 SC 响应度和 SC 效率的问题。SC 响应度是指 SC 处理下列事项的能力：①响应大量的产品需求；②实现较短的交货期；③处理各种各样的产品；④开发高度创新性产品；⑤实现较高的服务水平。而 SC 效率则是指为顾客制造和递送产品的成本。由此，我们可以推测影响 SC 响应度和 SC 效率的因素也就是 SCM 的关键要素。这些要素包括库存、运输、设施和信息 4 个方面。

（1）库存。库存是指 SC 中所有的原材料、在制品和产成品。库存之所以是重要的 SCM 要素，是因为改变库存策略可以显著地改变 SC 与响应度和 SC 效率。例如，零售商可以通过提高库存使自己作出更迅速的响应。拥有大量库

---

① 陈国权. 供应链管理［J］. 中国软科学，1999（2）：101-104.

② 王国文. 从物流到供应链－美国物流发展趋势对中国物流的影响［J］. 中国物流与采购，2005(1)：31.

存，可以使零售商在店铺立即满足顾客的需求。然而，大量库存会增加零售商的成本，进而使其效率低下。降低库存会提高零售商效率，但会损害其响应度。

（2）运输。运输承担着库存从 SC 某一场地移动到另一场地的责任。它可以采取许多方式与线路组合，每一种组合都有其自身的绩效特性。运输选择对 SC 响应度和 SC 效率有很大影响。例如，邮寄订单目录公司（mail order catalog company）可以利用联邦快递（federal express）运送货物，使其 SC 响应更迅速，但伴随着较高的联邦快递成本其 SC 效率更低。相反，邮寄订单目录公司可以利用陆地运输（ground transportation）运送货物，使 SC 效率提高，但限制了其响应度。

（3）设施。设施是 SC 网络中库存储备、装配或制造的场地。两种主要的设施是生产场地和储备场地。无论是什么样的设施功能、定位决策、能力以及设施灵活性都对 SC 绩效有着重要影响。例如，努力增强 SC 响应度的汽车配送商可能把许多仓储设施建在靠近顾客的地方，即使这样做会降低 SC 效率。相反，配送商为了提高 SC 效率而设很少的仓库，即使这样做会降低 SC 响应度。

（4）信息。信息是由有关整个 SC 库存、运输、设施和顾客的数据和分析资料组成的。由于信息直接影响着其他要素，因而它是潜在的、影响 SC 绩效的最大要素。信息为管理者提供了使 SC 响应更迅速、SC 效率更高的机会。例如，有了顾客的需求信息，制药公司管理者可以在预料到顾客需求的情况下生产和储备药物，这会使 SC 响应非常迅速。这种需求信息还可以使 SC 产生更高的效率，因为制药公司可以更好地预测需求并生产所需数量的药物。通过提供管理者运送货物方案，如使管理者选择满足必需服务要求的最低成本运送货物方案，信息还可以使该 SC 效率更高。

总之，要想使 SCM 获得成功，就要协调好 SC 响应度和 SC 效率。而每一个关键要素都影响着 SC 响应度和 SC 效率的协调。因此，在 SCM 中必须把握好这些关键要素。

三、供应链管理的关键业务过程

供应链管理是对整个供应链系统进行计划、协调、操作、控制和优化的过程，是一种集成的管理思想和方法。根据 Lambert 对供应链管理的定义可知，供应链管理是对一系列关键业务过程的集成，这些关键业务过程描述如下①②。

（1）顾客关系管理（customer relationship management，CRM）。

①与重要顾客建立产品服务协议；

②利用顾客界面预测顾客需求，改善顾客服务水平；

③对顾客进行分类，减小产品可变性。

（2）顾客服务管理（customer service management，CSM）

①提供顾客信息，管理产品服务协议；

②通过获取顾客需求信息，为顾客提供产品的价格、交货期等相关信息；

③为顾客提供在线的、实时的订单状态信息。

（3）需求管理（demand management）

①利用销售点数据（point on Sale，PoS）系统和关键顾客的相关数据获得需求和供应信息；

②协调市场需求和生产能力之间的关系；使需求和生产同步化，并提供实时库存信息。

（4）订单执行（order fulfillment）

①快速、柔性地执行顾客订单；

②将制造、分销、运输计划集成在一起；

③与供应链成员建立合作伙伴关系，降低运输成本，高效率地完成订单。

（5）制造流管理（manufacturing flow management）

①由基于生产计划的 Push（推动式）生产模式转变为基于顾客需求的 Pull（拉动式）生产模式；

②制造过程必须具有对市场需求变化的柔性，能够进行顾客化生产；

③对产品制造过程进行管理，合理制订生产计划，缩短生产周期，降低在制品库存。

（6）供应商关系管理（supplier relationship management，SYM）。

①与主要的供应商建立战略性合作伙伴关系；

① 　COOPER M C, LAMBERT D M, PAGH J D.Supply Chain Management: More Than a New Name for Logistics[J].The International Journal of Logistics Management, 1997, 8（1）: 1-14.

② 　CROXTON K L, GARCíA-DASTUGUE S J, LAMBERT D M, et al.The Supply Chain Management Processes[J].The International Journal of Logistics Management,2001,12（2）: 13-36.

②将采购与供应过程集成，提高供应链效率。

（7）产品商品化（product commercialization）

①让顾客和供应商参与到新产品的开发过程中；

②缩短新产品上市时间，以最快的速度生产顾客需要的产品。

（8）退货管理（return management）。

①对销售的产品进行跟踪回访，建立产品档案；

②根据有关规定对有质量问题的产品实施召回和退货政策；

③由质检部门对问题产品进行检测和分析，并把信息反馈给相关部门。

第三节　供应链协调理论

一、供应链协调的概念

协调（coordination）的概念源于系统的研究。马隆（Thomas Malone）等供应链将协调定义为管理各种活动之间独立性的过程[①]。系统协调的目的就是希望通过某种方法来组织或调控所研究的系统，使之从无序转换为有序，使系统达到协同状态。系统协同程度越高，输出的功能和效应就会越大，系统的负效应就会越小，结果就越有价值。一般来说，需要进行协调的系统往往包含若干个相互矛盾的子系统或者对各个目标有不同评价标准的参与者。对于这些系统，如果不能通过协调来妥善处理各种矛盾以达成一项折中方案，那么该系统总体功能将由于系统宏观结构的失稳而减弱，甚至产生负效应，即出现系统的整体功能小于各部分子系统功能之和。SC 是典型的、需要协调的系统。供应链中各节点企业不一定能同时满足各自的愿望，因而产生冲突，但既然形成一条 SC，各节点企业就需要协作，使整个 SC 获得的利益大于各节点企业单独获

---

① 　MALONE T W, CROWSTON K.The interdisciplinary study of coordination[J].ACM Computing Surveys (CSUR), 1994, 26（1）：87-119.

得的利益之和。协调是 SC 稳固和运行的重要手段。

安德鲁（Andrew H. Van de Ven）将供应链等协调定义为组织的不同部分集成或联结在一起来完成集体任务的过程①。

罗宾斯（James A. Robins）对供应链协调的定义是供需匹配产生更大的顾客剩余价值②。

休伊特（Fred Hewitt）指出，供应链协调涉及计划、控制和调整企业内与企业之间的物流过程，因为物流过程包含物料运输、供应链网络的信息流和资金流③。

西马图邦（Togar M. Simatupang）等认为，供应链协调就是使联合供应链成员的一系列目标达到供应链目标④。

罗马（Pietro Romamo）定义供应链协调是供应链合作伙伴之间的决策、通讯和交互的模式，可以帮助计划、控制和调整供应链中所涉及的物料、零部件、服务、信息、资金、人员和方法之间的交流，并且支持供应链网络中的关键经营过程⑤。

庄品对供应链协调的定义是基于供应链成员之间的物流、资金流、信息流等要素，设计适当的协调激励机制，通过控制系统中的序参数，有效地控制系统整体，使其从无序转换为有序，达到协同状态，从而在供应链成员之间建立战略性合作伙伴关系，合理分配利润，共同承担风险，提高信息共享程度，减少库存，降低总成本，最终实现系统的整体效益大于各部分子系统的效益之和⑥。

---

①　VAN DE VEN A H, DELBECQ A L, KOENIG R.Determinants of Coordination Modes within Organizations[J].American Sociological Review, 1976, 41（2）: 322-338.

②　ROBINS J A.Organizational Economics: Notes on the Use of Transaction-Cost Theory in the Study of Organizations[J].Administrative Science Quarterly, 1987, 32（1）: 68-86.

③　HEWITT F.Supply Chain Redesign[J].The International Journal of Logistics Management, 1994, 5（2）: 1-10.

④　SIMATUPANG T M, WRIGHT A C, SRIDHARAN R.The knowledge of coordination for supply chain integration[J].Business Process Management Journal, 2002, 8（3）: 289-308.

⑤　ROMANO P.Co-ordination and integration mechanisms to manage logistics processes across supply networks[J].Journal of Purchasing and Supply Management, 2003, 9（3）: 119-134.

⑥　庄品.供应链协调控制机制研究[D].南京：南京航空航天大学，2004.

之所以对供应链协调有不同的定义，是因为不同的人对"协调"的内涵及外延有着不同的理解。要想对供应链协调下一个较为准确的定义，就得弄清楚"协调"的内涵和外延，即与协调相关联的几个概念：合作（cooperation）、集成（integration）、互动（interaction）、紧密关系（mutuality）和协作（collaboration）。

弗洛利希（Markham T. Frohlich）[1]认为，供应链之所以是协调，是因为一个供应链可以是信息和过程集成的。所以，集成可以看成是达成协调的一种方法。

互动是管理相互关系的过程，特别是企业的能力管理。互动是衡量一个企业是否愿意放弃多少自己的目标来增加别人的实际成果，并以此来增加自己最终福利的尺度[2]。

紧密关系是在没有参与者导致最终损失的时候才产生的，它也是协调的一个关键要素。

协作是通过系统的协作结构协与调进行区别的，协作结构决定了权利结构。

通过上述相关概念的阐述，可以总结出协调的概念，即协调包含比合作更为正式的关系，共同的、不必权力集中的目标和行动。协调的目标是达成共同利益。

综上所述，本文将供应链协调定义为通过构建一定的机制使各节点企业集成建立正式的紧密合作关系，相互沟通、信息共享、风险共担、合理分配利润，由此达成协同和协作，从而减少库存，降低成本，提高对市场的快速反应能力，提高顾客满意度，最终实现供应链系统总体利益大于各节点企业单独获得的利益之和。

二、供应链协调的类型

巴特纳加（Rohit Bhatnagar）等把供应链协调分为两个层次：一般协调（general coordination）和多工厂协调（multi-plant coordination）。一般协调又可分为三个方面：供应和生产活动的协调、生产和分销活动的协调、库存和分销

---

[1]　FROHLICH M T, WESTBROOK R.Arcs of integration: an international study of supply chain strategies[J].Journal of Operations Management, 2001, 19（2）: 185-200.

[2]　HåKANSSON H, FORD D.How should companies interact in business networks?[J].Journal of Business Research, 2002, 55（2）: 133-139.

活动的协调①。Thomas 等②从功能方面把供应链协调分为：买卖协调、生产分销协调、库存分销协调。

薛岭等从供应链总体视角出发把供应链协调划分为非信息协调和信息协调。非信息协调主要指完善地理、运输、仓储等一些实物的供应条件。而信息协调主要指整个供应链对内外部信息的掌握以指导供应关系③。

陈志提出了供应链管理模式下，基于协调机制的三层企业集成模式 – 战略供应链联盟。三层集成是宏观集成、中观集成、微观集成。对应于这三层集成过程，分别有三级协调机制，即对应于宏观集成的战略协调（决策协调）、对应于中观集成的信息协调、对应于微观集成的运作协调。三级协调机制中，信息协调机制起着关键作用，它对于决策协调与运作协调起到桥梁的作用，沟通高层宏观集成与底层微观集成祥④。

陈剑等将供应链协调分为两个层次，一个层次是指供应商、制造商和销售商之间的相互协调；另一个层次是指供应商、制造商和销售商各自内部各种活动之间的协调⑤。

本文对供应链协调的分类如下。

从结构层次上可将供应链协调分为企业间协调和企业内协调。企业间协调是指供应链节点企业之间的相互协调，包括各企业之间的物流、资金流和信息流协调，供应商、制造商和销售商之间的有效协调能够减少库存，降低成本，提高整个供应链的管理水平和运作效率，从而提高供应链整体绩效；企业内协调是指供应链各节点企业内部各部门之间各项活动的协调，包括产品开发、原材料采购、生产、库存、销售各部门之间的协调。

从功能层次上可将供应链协调分为战略层协调、战术层协调和运作层协调。战略层协调和战术层协调是指供应链各节点企业之间宏观层次上的协调，按协调控制权是否集中分为集中协调（centralized coordination）和分散协调

①　ROHIT B, PANKAJ C, SURESH K G.Models for multi-plant coordination[J].European Journal of Operational Research, 1993, 67（2）: 141–160.

②　THOMAS D J, GRIFFIN P M.Coordinated supply chain management[J].European Journal of Operational Research, 1996, 94（1）: 1–15.

③　薛岭, 蒋馥. 供应链的模式与协调问题研究［J］. 系统工程理论方法应用, 1998（3）: 36–40, 46.

④　陈志祥. 供应链管理模式下的生产计划与控制研究［D］. 武汉: 华中理工大学, 2000.

⑤　陈剑, 蔡连侨. 供应链建模与优化［J］. 系统工程理论与实践, 2001（6）: 27–34.

（decentralized coordination）；运作层协调主要指企业内部各职能之间的协调，又可分为功能间协调和功能内协调。功能间协调指企业内不同功能部门之间的协调，如库存和生产部门、生产和销售部门之间的协调；功能内协调指在企业的一个功能部门内部的各项活动和过程的协调，如生产部门内部的生产计划和生产调度之间的协调。

三、供应链协调模式与机制

描述供应链协调的两个主要构成是协调模式（coordination mode）和协调机制（coordination mechanism）构成。

协调模式是指用以协调的特有方式，可以认为是协调各个活动或参与者之间的渠道（channel）、媒介（media）或安排（arrangement）。范德文（Andrew H. van De Van）等定义了三种不同的协调模式：非个人协调模式（impersonal coordination mode），包括规则、过程、计划和调度；个人协调模式（personal coordination mode），包括垂直渠道和水平渠道；团体协调模式（group coordination mode），如计划或者非计划的团体会议[①]。

协调机制又称为协调结构（coordination structure）、协调格式（coordination format）或协调规划（coordination scheme），亚历山大（E.R. Alexander）[②]定义协调结构就是与企业系统中各企业或企业成员的决策中心相联系的协调机制的形式。我们可以从组织理论（organization theory）、经济理论（economic theory）和运作管理（operations management）三个方面提出了供应链需要协调的原因及协调机制（如表7-2所示），并提出了供应链协调问题的框架。本文定义协调机制为使供应链各节点企业达成预定的优化目标或行动方针而采取的交互行动、决策规则或程序。本文从供应链战略和战术两个层面来深入研究供应链节点各企业之间的分散协调控制机制，以达到供应链协调优化的目的。

表7-2　供应链协调机制

	组织理论	经济理论	运作管理

---

① VVAN DE VEN A H, DELBECQ A L, KOENIG R.Determinants of Coordination Modes within Organizations[J].American Sociological Review, 1976, 41（2）: 322-338.
② ALEXANDER APD E R.A STRUCTURATION THEORY OF INTERORGANIZATIONAL COORDINATION: CASES IN ENVIRONMENTAL MANAGEMENT[J].The International Journal of Organizational Analysis, 1998, 6（4）: 334-354.

协调原因	任务独立	信息不对称	信息不对称
	任务的不确定性	自私	自私或机会主义
	目标冲突	机会主义	博弈分散决策
	组织规模	有限理性	供应链结构
	有限理性	分散决策	批量规模
	环境不确定性	违约	库存补给政策
	—	不可证实	—
协调机制	提高信息处理能力	监督与管理	信息共享
	减少信息需求量	契约激励	集成
	规则、计划、预测	风险补偿	联合计划
	资源松弛量	减少自有选择	信息与决策
	垂直信息系统	同步合约	集中激励和补偿
	横向关系	寻找信息增加量	分配规则
	—	信息集中	—

四、供应链协调的主要方法

研究供应链协调的动机源于 20 世纪 50 年代末福雷斯特（Forrester）提出的产业动力学，托马斯（Douglas J. Thomas）等把供应链协调的相关文献做了一个综合性的回顾，研究了供应链三个主要阶段，即采购、生产和分销[①]。对应于这三个阶段的活动，文章把供应链的协调分为四个方面：买方－供方协调（buyer-vendor coordination）、生产－库存协调；生产－分销协调（production-distribution coordination）、库存－分销协调（inventory-distribution coordination）。

（一）买方-供方协调研究

SC 开始于原材料和部件的采购。通常，原材料和部件采购成本占销售成

---

① THOMAS D J, GRIFFIN P M.Coordinated supply chain management[J].European Journal of Operational Research, 1996, 94（1）: 1-15.

本 50% 以上。许多传统库存模型已经集中于确定采购商最佳订货数量方面。

莫纳汉（James P. Monahan）提出了一种折扣策略，激发购买者增加其订货数量 K 倍，K ＝（S_2/S_1 + 1）/2（其中 S_2、S_1 分别表示购买者、供应商的订货成本），为购买者最初经济订货量的倍数。同时，他还确定了补偿购买者由于增加订货数量而引起的额外库存持有成本的最小折扣金额 dK[1]。在此基础上，李（Haul. Lee）等开发了一个更具现实性的模型，加入了最小利润边际并允许购买者以任意数量订货[2]。运用该模型中的算法可以找到使利润最大的最优数量折扣定价方案，证明了供应商最佳订货量为购买者订货数量的整数倍。

阿努平迪（Ravi Anupindi）等开发了单一购买者和两个供应商情形下的最佳订货策略[3]。在他们的第二个模型中，随机需求部分在当期递送，剩余部分则被取消。第三个模型与第二个模型类似，只是剩余部分在下期递送。对每一个模型，他们都给出了最佳订货策略：当库存水平高于上限时不订货；当库存水平在上下限之间时向一个供应商订货；当库存水平低于下限时向两个供应商订货。

科利（Rajeev Kohli）等研究了联合订货策略，将其作为降低单一供应商与一组同类购买者之间交易成本的一种方法。他们给出了在每次联合订货中订购所有产品的情形下最佳联合订货量的公式[4]。

（二）生产 - 库存协调研究

生产 - 库存网络连接着 SC 中的生产设施和在制品，其协调主要研究的是生产批量、库存成本、库存容量、最优库存策略、生产率等问题。

霍克（M.A. Hoque）等研究了单一供方和单一买方的集成生产 - 库存系统

① MONAHAN J P.A Quantity Discount Pricing Model to Increase Vendor Profits[J]. Management Science, 1984, 30（6）: 720-726.

② LEE H L, ROSENBLATT M J.A Generalized Quantity Discount Pricing Model to Increase Supplier's Profits [J].Management Science, 1986, 32（9）: 1177-1185.

③ ANUPINDI R, AKELLA R.Diversification under Supply Uncertainty[J].Management Science, 1993, 39（8）: 944-963.

④ KOHLI R, PARK H.Coordinating Buyer-Seller Transactions across Multiple Products[J]. Management Science, 1994, 40（9）: 1145-1150.

联合优化模型[①]。

杨（P.C. Yang）等研究了一种易腐产品（deteriorating item），在固定的生产和需求速率下，单一供方和多个买方之间生产-库存的协调问题[②]。研究显示供方和买方联合决策使系统成本最小，而此时买方的成本要高于独立作出决策时的成本，因此，必须提供数量折扣、成本降低等激励机制来促使买方参与合作，共同决策使系统利润最大。

德克鲁瓦（Gregory A. Decroix）等研究了在一种紧缺资源情况下，总费用最小的生产和库存策略问题[③]。后来，德克鲁瓦等将其扩展为各种产品的需求服从独立、平稳分布以及缺货时用户等待的情形下，多种产品的最优生产和库存策略问题[④]。

梅特斯（R Metters）[⑤]也研究了资源紧缺时的生产、库存协调问题，求得了最优解的方法。在模型中，多种产品面临季节性的随机需求，生产能力有一定限制。但设定优化目标时，考虑的是离散型需求，且根据季节性需求的特点，假设需求密度函数有一个固定的变化周期。

（三）生产 - 分销协调研究

SC 中生产 - 分销协调呈现出许多形式，产品可以被制造并发送给分销中心、零售商或工厂。因而，相应的生产 - 分销协调研究成果较多。

希恩（T. Willam Chien）在假设每周需求独立、稳定，服从某一确定分布，每辆车的运输成本固定，且生产成本、运输成本、缺货罚金、存储成本和正常收益均为需求密度的函数前提下，研究了单一产品利润最大化的生产和运输量

① HOQUE M A, GOYAL S K.An optimal policy for a single-vendor single-buyer integrated production-inventory system with capacity constraint of the transport equipment[J]. International Journal of Production Economics, 2000, 65（3）：305-315.

② YANG P C, WEE H-M.A single-vendor and multiple-buyers production-inventory policy for a deteriorating item.[J].European Journal of Operational Research, 2002, 143（3）：570-581.

③ DECROIX G A, MOOKERJEE V S.Purchasing demand information in a stochastic-demand inventory system [J].European Journal of Operational Research, 1997, 102（1）：36-57.

④ DECROIX G A, ARREOLA-RISA A.Optimal Production and Inventory Policy for Multiple Products under Resource Constraints[J].Management Science, 1998, 44（7）：950-961.

⑤ METTERS R.Producing Multiple Products with Stochastic Seasonal Demand and Capacity Limits [J].The Journal of the Operational Research Society, 1998, 49（3）：263-272.

的确定问题[①]。

哈克（A.noorul Haq）等开发了一个混合整数规划模型，用于确定使多阶段生产—库存—分销系统的系统成本最小的生产与配送数量[②]。系统成本包括单位生产成本、准备成本、存储成本和运输成本。所有成本或者是固定的，或者是线性的。线性运输成本的假设大大限制了该模型的适用性。

第四节　数字图书馆的服务链架构

一、数字图书馆服务链的节点分析

数字图书馆服务链主要由内容供应方、数字图书馆联盟、内容服务提供方、辅助方（第三方）等节点构成。

（一）内容供应方

内容供应方位于服务链的上游，向数字图书馆提供各种类型的媒体内容，是内容的生产方或制作方。它主要包括版权人（作者、版权所有者）、出版社（商）、报社、杂志社、高校、研究所、专业内容数据库、档案馆、网站（Web内容）等。

（二）数字图书馆联盟

数字图书馆联盟（digital library consortia，DLC）是服务链的核心层，是数字内容制作和内容组织、存储以及管理者。任何一个图书馆在信息量以及资金、技术和人才方面都无法与 Google 竞争，因此，可以通过构建广泛的数字图书馆联盟来弥补这些不足：通过资源共享取得资源数量方面的优势；通过技术共享（如数字化技术、编目技术等）弥补技术开发成本及人才需求方面的不足。

① WILLIAM C T.Determining profit-maximizing production/shipping policies in a one-to-one direct shipping, stochastic demand environment[J].European Journal of Operational Research, 1993, 64（1）: 83-102.
② HAQ A N, VRAT P, KANDA A.An integrated production-inventory-distribution model for manufacture of urea: a case[J].International Journal of Production Economics, 1991, 25（1-3）: 39-49.

同时，数字图书馆联盟分布式协作模式将明显优于 Google 的集中、统一模式，而且各个图书馆针对性信息服务方式的整合将给用户提供更为"精确"的信息。

数字图书馆联盟主要由国家图书馆、中国高等教育数字图书馆（CADLIS）、国家科学图书馆、国家工程技术图书馆、党校图书馆、军队院校图书馆、社科图书馆、工会图书馆、地方性数字图书馆、商业图书馆（如超星、万方）以及世界上其他华文图书馆等组成。

（三）内容服务提供方

内容服务提供方位于服务链的下游，是将数字图书馆中的数字内容通过各种途径、按照用户需求的方式提供给用户的服务提供和展示平台。

内容服务提供方主要包括搜索引擎、个性化或专业化服务门户（如知识服务网）、数字电视、广播、移动通讯等。这些服务是集成的，从而可向用户提供"一站式"服务。

（四）辅助方

辅助方主要有第三服务方、监管机构和支付中心。第三服务方主要指辅助数字图书完成相关的技术支持和资金支持的组织，如数字化企业、快速印刷企业、专业软件提供企业、第三方物流等；监管机构指新闻出版署（版权局）、文化部门、认证机构等；支付中心指银行等金融机构。

二、数字图书馆服务链的节点关系分析

数字图书馆服务链同企业供应链一样，也是一种通过内容服务流、信息流和资金流将服务链各个节点连接成一个整体的增值链组织。

（一）内容服务流

内容服务流是供应方提供的内容经数字图书馆的加工、组织，通过内容服务提供方以适当的形式提供给用户的信息和知识，其流向是从数字图书馆的上游（内容提供方）流向下游（最终用户）。

（二）信息流

数字图书馆服务链作为一个整体向用户提供其需要的内容，需求信息、内容信息、支付信息、用户信息、版权信息等在服务链各个节点中的有效传递是数字图书馆服务链快速、准确满足用户需求的保证，信息流的流向是双向的。

（三）资金流

数字图书馆服务链中的节点组织除了公益性图书馆外，还包括版权人、商业数字图书馆、企业等，另外，信息资源（知识产权）购买费用、高昂的数字化成本以及增值服务和个性化服务等都需要向用户特别是盈利型用户收取一定的费用，并在各个节点组织之间进行分配。

第五节　数字图书馆服务链的服务模式

数字图书馆用户关注的是如何从繁杂的信息环境中获取所需的信息和知识，数字图书馆的价值和竞争力也主要体现在其服务质量上，而服务质量是通过服务模式来保证的。参考国内外数字图书馆以及 Google 等搜索引擎的运营和服务模式，结合服务链管理的特点和优势，构建数字图书馆服务链的三种信息服务模式：大众化信息服务模式、专业化信息服务模式和个性化信息服务模式。

一、大众化信息服务模式

大众化信息服务模式是普通公众自由获取相关信息的服务模式，用户可通过信息门户、公共传媒（如数字电视、广播）、移动通讯等查询和获取自己感兴趣的信息。大众化信息服务主要有信息检索、网上订阅和多形式媒体信息服务。

（一）信息检索

数字图书馆服务链提供的信息检索服务类似于 Google 等搜索引擎，用户可自由登录信息检索网站，输入检索词，获取检索结果，并能浏览检索结果的题录或摘要，免费或付费下载资源。

（二）网上订阅

数字图书馆服务链的网上订阅服务是向用户提供定期出版的数字或纸质书刊以及馆藏古籍副本（在线印刷）的订购服务。注册用户向服务提供方提交订阅信息，经确认进行分类：如果订阅的是古籍副本，需提交快速印刷服务，然后由物流公司提供给用户；如果订阅的是纸质期刊，如某种画报，可将该订阅信息发送给出版社，由物流公司提供给用户；如果订阅的是数字内容，可以E-mail 或授权下载的方式提供给用户。用户信息及服务过程信息要管理起来，方便进行用户分类、提供个性化推送服务等。

（三）多形式媒体信息服务

数字图书馆服务链的多形式媒体信息服务是利用人们生活中的各种媒体形式（如数字电视、广播、移动通讯等）向用户提供特定的音频、视频信息服务。对个体用户来说，数字电视、广播提供的服务多为免费服务，主要是提供普及性文化读物或全民文化素质教育；另外，用户通过移动通讯可以便捷地获取信息，并根据信息流量由通讯资费中扣除信息费用。

二、专业化信息服务模式

数字图书馆服务链的专业化信息服务模式是按照专业领域组织图书情报服务和信息服务，从而提高信息服务对用户需求和用户任务的支持力度。按用户与数字图书馆服务链间的互动程度，可将这种服务模式分为专业信息门户服务和专业信息咨询服务。

（一）专业信息门户服务

专业信息门户中的资源大多是经过专家或图书馆馆员对某一专业领域的信息资源进行严格的人工筛选的，符合其质量选择与控制标准，并有详细的元数据或目录记录数据库对网上资源进行描述，提供指向资源的链接，指引用户获取或浏览其所需信息。数字图书馆服务链的专业信息门户服务主要有专业书目（数据库）检索服务、学术虚拟社区服务（专题论坛）、代检代查数据库服务、定题跟踪服务等。

（二）专业信息咨询服务

专业信息咨询服务汲取了传统图书馆信息咨询服务与用户及时沟通的优点，是用户与数字图书馆双向互动的专业化服务。专业信息咨询服务较专业信息门户服务复杂些，因为它既作为信息服务提供商，又作为信息产品开发商（提供加工后的融入信息咨询人员隐性知识的增值信息产品）给企业或其他顾客提供咨询服务。其最大特点是提供增值服务。专业信息咨询服务主要有专题咨询服务、专业信息咨询服务、市场分析报告服务、情报分析服务、查新服务等。用户向数字图书馆服务链系统提出问题，系统根据用户的问题，在咨询知识库中检索，找到解决方案并反馈给用户；如果所提问题属于新问题，则自动分派给数字图书馆服务链情报机构相应的参考馆员或专家，参考馆员或专家经过相关文献的搜寻、组织、分析，获得结果后反馈给用户。系统将问题及解决方案交送咨询知识库储存。

三、个性化信息服务模式

个性化信息服务是指针对每一个用户的独特信息需求提供针对性服务，对不同的用户采取不同的服务策略，提供不同的服务内容；是基于信息用户的信息使用行为、习惯、偏好、特点及特定需求，向用户提供满足其个性化需求的信息内容和功能的一种服务。数字图书馆服务链的个性化信息服务主要包括个性化定制服务和主动推送服务。

第八章 数字图书馆个性化服务系统应用实践

第一节 数字图书馆个性化服务系统需求

一、信息的推送

推送技术是个性化信息服务所依赖的核心技术之一，它是一种按照用户指定的时间间隔或发生的事件把用户选定的数据自动推送给用户的计算机数据分布技术。信息推送服务就是借助推送技术，实现主动的、有针对性的个性化信息服务。数字环境下个性化信息服务借助推送技术，主动将信息资源有选择地推荐给每个用户，改"人找信息"为"信息找人"。

信息推送服务可以有两种实现方式：一是借助于 E-mail 或短信并依赖于人工参与的信息推送服务；二是由智能软件完成的全自动化的信息推送服务。个性化信息服务系统会根据收集到的用户定制信息，由系统或人工在资源库中有针对性地搜索，然后将有关资源定期推送到用户的主机上。

二、信息的过滤

信息噪声一直困扰着用户，有效的信息过滤是信息去噪的主要手段。个性化的服务需建立用户信息需求模型，因此，可以依据用户信息需求模型对信息进行过滤。个性化信息服务系统是介于用户与信息资源之间的信息过滤工具，能够为用户节省大量的相关判断时间。个性化信息服务系统在信息的选择性传递方面效果显著。

个性化信息服务的过滤机制包含以下几个方面。

（1）信息内容相关性的过滤。在信息流中设置用户需求框架，即相当于常设一个持续性提问，系统自动检验信息流与框架的相关性，一旦有相关内容，系统就向用户发送通告。

（2）信息质量的过滤。网络信息的质量参差不齐，信息失真现象屡见不鲜，用户的筛选和过滤负担加重。个性化信息服务系统需具有过滤不良信息的能力。

（3）信息时效性的过滤。个性化信息服务系统的主动推送和报道功能，需建立在确保信息新颖和及时的基础上。因此，系统还需具备保留历史信息的能力，以时间和用户是否阅读作为信息过滤的标准。

三、用户信息资源的交流与共享

个性化信息服务的实现不是将信息与用户隔离开，而是提供一种新的信息交流渠道、个性化信息空间的资源共享途径。

首先，实现个性化信息共享共建。用户不仅可以获取、交流和共享彼此有价值的信息资源，而且还可以与具有共同兴趣的用户建立联系。通过交流，用户可以分享其他用户的检索历史和分析经验，多用户之间还可以实现信息资源合作共建，有效减少用户的重复劳动，提高信息利用的效率和准确性。

营造良好的交流空间。在离散的用户个人信息环境下，用户自发的信息交流和共享带有随机性和局限性。个性化信息服务系统通过为兴趣相同的用户建立用户群，使资源共享变得更具有针对性和个性化的特点。通过交流，用户可以获得他人的推荐或建议，在过载的数字信息环境下，信息交流成为用户信息过滤的有效途径之一。

第二节　数字图书馆个性化服务系统功能模块

个性化服务应充分体现图书馆"以服务为中心"的理念，最终能让用户从图书馆所提供的资源里，选择自己需要的信息并组织在 MyLibrary 中，用户只需要提交个性申请表，之后访问 MyLibrary 时，系统将自动分析用户兴趣，并提供与此内容相关的最新信息。用户根据自己的意愿构建个性馆藏，定制个性服务项目，选择个性资源，与具有相似访问行为的用户交流，拥有一个完全个性化的资源环境。

数字图书馆通过网络为用户提供信息资源服务，数字图书馆的逻辑架构是依据数字资源的生命周期来设计的，也就是围绕数字资源的创建、描述、组织、检索、服务和长期保存的整个数字资源生命周期来规划和设计的。数字图书馆的内部业务主要集中在数字资源的创建、描述、组织以及资源的发布和长期保存。对外服务通过网络技术来实施，产生的用户访问信息以文件或数据库的形式保存下来。

数字图书馆提供的信息资源包括两个方面：一方面是自建的特色资源，另一方面是从商家所购买的数据库资源。以两种方式提供统一检索：一是建立统一的元数据仓储，从数据层集成自建特色资源和商业数据库的元数据，每个数字对象的描述采用 DC 元数据描述，统一存放在元数据仓储中；二是在应用层通过检索代理对自建和商业数据库实施统一检索，为用户提供服务。

个性化服务功能 MyLibrary 包括我的书架、我的数据库、我的消息、馆藏借阅管理、访问历史、检索历史、推送服务、信息推荐、定制服务、用户群信息交流、常用链接、个人设置等，其中用户群信息交流是指用户可以查看资源访问行为相似的用户访问或检索情况，并可传递消息。

用户通过网络进行注册、身份认证、统一信息检索、参考咨询和个性化服务等，所产生的信息存储在用户信息、咨询信息和日志信息库中。

个性化服务系统分成 8 个功能模块：安全认证、我的收藏、信息推送、资源检索、信息定制、数据分析与挖掘、用户信息交流和馆藏借阅管理。

（1）安全认证。安全认证要实现数字图书馆门户系统的统一身份认证，包括与图书馆自动化系统和邮件系统的统一认证。用户登录后可进行个人基本信息的维护，以及对用户兴趣的自动或半自动维护，如填写个性化需求表。

（2）我的收藏。我的收藏包括我的书架、我的数据库、常用链接、我关注的用户、访问历史和检索历史。在"我的书架"中，用户可以自定义类别来组织所喜爱的图书或电子文献；在"我的数据库"中，用户按系统定义的类别来组织自己关心的数据库；在"我关注的用户"中，用户可以按类别组织和自己兴趣相近的用户，并可查看相关用户的借阅或访问文献；"访问历史"为用户查看资源的历史记录；"检索历史"记录了用户每次输入的检索词及检索时间。

（3）信息推送。信息的推送将依据用户的定制、兴趣或文献的相关分析与挖掘，采用 E-mail、短信、网页或 RSS 方式，向用户推送图书、数字资源、消息或相关用户。

（4）资源检索。资源检索为构建在异构数据库上层的统一检索系统，分为元数据统一检索和应用层统一检索。元数据统一检索以数字仓储为核心，它是各个数据库系统元数据的集成。用户对资源进行检索时，系统自动记录用户的检索历史（如某种图书、某篇电子文献）和检索关键字，为用户访问情况的分析和挖掘提供数据来源。

对基于数据仓储的统一检索，支持检索词实时提示、相关词或同音词提示、检索词纠错、分类统计展示、热门词汇统计、相关文献和长串分词检索等。

（5）信息定制。信息定制包括定制管理和定制信息展现。定制管理内容包括以下几个方面。

①书签功能或常用链接。允许用户挑选的 Web 页面的 URL 地址放入书签，Web 页面可以是图书馆网站的检索页面、搜索引擎或者其他经常访问的站点。

②图书馆数字资源（我的数据库）定制。用户可以把常用的数据库放在定制页面上，以方便检索。

③搜索引擎链接，即提供一些著名的引擎表，用户只要选择其中一种并输入关键词，浏览器便自动跳转至该搜索引擎的搜寻结果页面。

④最新信息通告。当用户访问 MyLibrary 页面时，系统会弹出一个窗口，提示图书馆的最新动态。最近投入使用的数字资源信息。

⑤资源类别定制。允许用户选择所关心的资源类别，为信息的推送提供参考。

⑥界面定制。允许用户设置界面的布局和样式。

⑦用户群信息定制。允许用户对自己所关心的某些学科专业的用户群进行定制，用户可以查看所定制用户群公共访问的信息。当所定制用户群中用户访问或借阅本学科专业的资源时，同时也推送给定制的用户。

（6）数据分析与挖掘。数据分析与挖掘主要对资源信息、用户信息和访问信息进行统计和分析，将统计和分析的结果作为信息推送的依据。对文献资源访问数据进行关联挖掘，从用户访问日志事务中挖掘出用户访问资源的关联，以及具有相似访问特征的用户群。

（7）用户信息交流。用户信息交流包括消息管理、信息咨询、用户群信息查看。在消息管理中，用户与用户之间以及用户与馆员之间可以互通消息；信息咨询是虚拟参考咨询服务；查看用户群信息时，用户可以查看与自己专业相关的用户群的成员，以及用户群频繁访问的资源。

（8）馆藏借阅管理。馆藏借阅管理主要实现对纸本质文献的借阅情况查看、续借和预约。

第三节　数字图书馆个性化推荐服务功能分析

数字图书馆个性化推荐服务是个性化服务的核心部分。下面先介绍数字图书馆个性化推荐服务的总体逻辑架构，然后重点对个性化推荐服务进行分析与设计。

一、个性化推荐服务系统架构

个性化推荐服务系统主要实现的功能是以用户为中心，以图书馆的各种资源（如图书、期刊、论文、专利等）为桥梁，为广大用户提供一个方便、高效、快捷的信息交流平台。个性化推荐服务系统的显著特点和功能包含以下几个方面。

（1）用户可以通过一本书、一门课程、一种期刊等资源建立自己的群组，找到与自己有共同兴趣爱好的用户，共同讨论大家感兴趣的书籍、课程等。用户可以自由地发表自己的阅读和科研心得，形成一个庞大的以阅读分享、阅读交流为目的的虚拟社区网络。

（2）为用户提供自由添加不同类型资源间关联关系的接口。根据用户的关联操作，可以建立不同类型资源之间的关联关系，从而得到一个"由此及彼"的资源对象网络，这样，用户在浏览网站时可以不仅仅局限于单一类型的资源，而是可以从一种资源转移到与之相关的其他类型的资源。

（3）系统中加入了两种个性化推荐形式：一个是根据用户的历史借阅记录以及资源被标记的标签，为用户提供其可能会喜欢的其他资源；另一个是根据当前资源与其他资源之间的相似度，得到与之相似度最高的其他资源，进而推荐给用户。

个性化推荐服务系统重点对各种资源进行有效关联和对用户进行资源的个性化推荐。

二、个性化推荐服务前台工作流程

个性化推荐服务的前台主要实现对资源的推荐、用户兴趣爱好的设置和用户身份的判断，其中资源推荐是最核心的模块。

用户访问数字图书馆时，先判断其是否登录，如未登录，则根据其访问资源情况做大众化推荐；如已登录，则看用户是否访问资源，然后进行基于内容和协同过滤的推荐。

三、个性化推荐服务后台架构

个性化推荐服务后台负责对用户的请求进行相应的处理，中间层是核心的业务逻辑层，底层由数据库访问模块负责对数据的操作，其中中间层主要是由数据采集、数据预处理模块以及推荐模块组成的。

（1）数据采集。数据采集主要负责对用户显式信息和隐式信息的收集，显式信息主要是存储在用户信息表中，用户的评分信息主要存储在用户资源评分表中，另外还负责对资源信息的采集，采集后的信息主要存储在用户资源信息表中。

（2）数据预处理模块。数据预处理模块实现对日志信息的分析，建立用户对资源的访问表，分析资源之间的相似度，存入资源相似度表，综合用户资源访问情况表和用户资源评分表，建立用户资源综合评分表。

（3）推荐模块。推荐模块主要应用于基于内容和协同过滤的推荐算法，向用户推荐可能感兴趣的资源。

四、资源推荐系统工作流程

对于资源推荐系统来讲，所采用的是个性化与非个性化相结合的方式。对于普通用户，可以实现资源分类检索、资源分类推荐。当用户没有进行操作时，系统会问用户推荐热门文献资源或数据库资源；对于注册用户，系统采用个性化推荐方式，当用户进行注册、检索、阅读、下载、反馈等相关操作时，用户偏好提取模块提取用户偏好特征，并将其保存在用户个性特征库中。系统会根据用户需求，由用户信息模型构建模块创建用户信息模型，再由个性化过滤模块，实现对文献资源的过滤，推荐比较符合用户偏好的资源信息。

第四节　数字图书馆个性化推送服务功能分析

通过以上对文献资源的分析与挖掘，从用户资源访问历史事务中可以分析、挖掘出用户的资源访问情况、用户资源访问存在的关联，以及具有相似访问特征的用户群等，并可作为个性化推送的依据。基于此，可以制定以下基于分析与挖掘的个性化推送服务策略。

一、基于联机分析的信息推送

基于联机分析的信息推送是指通过对资源信息、用户信息和访问信息进行统计和分析，将统计和分析的结果作为信息推送的依据，主要推服务策略包括以下几个方面。

（1）资源访问量按文献分类排名。根据文献类别（按中图法分类）统计出不同类别资源被访问的次数，并进行排名。可将某个分类中被频繁访问的资源推送给定制了相应学科的用户。

（2）资源访问量按类型排名。根据资源类型（如图书类型、期刊类型、学术论文类型等）进行分类，统计出每一种类型中频繁访问的资源并推送给用户。

（3）资源访问量按文献分类和资源类型排名。根据文献类别按（中图法分类）和资源类型的组合统计被频繁访问的资源。当定制了某个文献分类的用户访问某种类型的资源时对其进行推送。

（4）资源访问量按用户院系和专业排名。根据用户的院系和专业分类，统计出不同院系和专业的用户频繁访问的资源，然后按用户院系和专业进行资源推送。

（5）资源访问量按用户班级排名。根据用户的班级分类，统计出不同班级用户频繁访问的资源，然后按用户所属班级进行资源推送。

（6）资源访问量按用户类型和专业排名。根据用户的类型（如本科生、硕士研究生、博士研究生、老师等）和专业进行分类，统计出不同的类型和专业用户频繁访问的资源，然后按用户的类型和专业进行资源推送。

（7）资源访问量按用户年龄层次排名。根据用户的年龄层次（如18岁以下、19～25岁、26～30岁、31～40岁、41～50岁、51～60岁、61岁以上）进行分类，统计出不同年龄层次的用户频繁访问的资源，然后按用户年龄层次进行资源推送。

（8）资源访问量按用户年级和专业排名。根据用户的年级和专业进行分类，统计出不同年级和专业的用户频繁访问的资源，然后按用户年级和专业进行资源推送。

下面以资源访问量按文献分类（按中图法分类）排名为例，说明联机分析处理（online analytical processing，OLAP）的实现，采用的工具是 SQL Server 的 Analysis Services 系统。

根据服务需求，在向用户推荐文献资源时，需要查询出某一类文献中访问频次前几名的具体资源，并以列表的形式展示出来，这属于资源访问排名。此时可以在多维数据立方体上进行查询，查询语句如下。

Select to P20 resouce_ID，count（*）

From res_accessed_star

Where resouce_class like "A*"

Group by resouce_ID

上述语句表示 A 类文献被用户访问的次数在前 20 名的具体资源。若想查询某种类型文献中被用户群访问频次最高的资源，只需要将 Where 子句改为 "Where readerclass = readerclass_name"。

对于不同类型资源的访问情况排名，可以用以下语句表示。

select resouce_class，count（*）as access_num

from res_accessed_star group by resouce_class order by access_num

二、基于规则或用户群的信息推送

通过对文献资源访问数据的关联挖掘，从用户访问日志事务中不仅可以挖掘出用户访问资源关联，还可以挖掘出具有相似访问特征的用户群。基于此，可以制定以下基于规则或用户群的推送服务。

（1）访问页面推送。用户访问某种具体资源时，页面中同时提供与此类资源相关的主题或具体相关联的资源。

（2）以 E-mail 或页面定制的方式推送。如果用户属于某个研究方向的相似访问特征用户群，则用户访问此用户群研究方向的资源时，同时也推送给用户群的其他用户。

（3）定制推送。当用户定制了某个主题类别时，在此主题相对应的用户群中，将访问频次较高的资源推送给用户；也可将此主题的访问用户群推送给用户，用户可以查看这些用户群资源访问情况；还可将此主题相关联的主题分类关键字推送给用户。

（4）利用数据挖掘的模式进行推荐。如规则｛Y00021、Y00022｝＝>｛Y01024｝表示用户 Y00021 和 Y00022 都访问了某种文献时，用户 Y01024 极有可能也需要访问这种文献。

三、信息资源推送的序列图

信息资源推送系统向定制列表请求读取定制，然后，定制列表向用户汇总表请求汇总定制，接着用户汇总表向用户个性化信息表请求读取用户信息，用户信息表向用户汇总表发送更改用户信息，用户汇总表向不发送用户类型表请求读取不发送用户类型，定制列表向定制汇总表请求生成定制相关信息的汇总表，定制汇总表向资源对照表请求生成资源内容对照表，定制列表向当日推送数据表请求生成当日推送数据列表，最后当日推送数据例表向邮件服务器发送数据。

第五节　数字图书馆个性化服务功能实现

本节主要介绍数字图书馆个性化服务中的核心模块－用户的定制与推送功能的实现。通过数据挖掘模块对用户订阅信息和用户访问文献资源的历史记录数据进行分析，把用户可能感兴趣的资源推荐给他，并把根据统计信息得到的用户订阅最多的主题推荐给他，以此来实现信息的个性化定制和推送。

一、系统开发和运行环境

数字图书馆个性化服务系统涉及跨平台的互操作性和异构数据的整合，设计时考虑采用 J2EE 框架的体系结构。

（一）J2EE 体系结构

J2EE（Java 2 enterprise edition）平台规范提供了一个基于 Java 语言环境的服务应用架构，支持分布式应用系统。它采用组件模式开发和部署，简化了应用程序的开发和集成，为数字图书馆系统提供了具有高度可移植性和兼容性的信息服务平台规范。J2EE 提供了一个多层次的分布式应用模型，应用逻辑按功能划分为组件，每个层次支持相应的服务器和组件，组件在服务器的容器中运行（如 Servlet 组件在 Servlet 容器上运行，EJB 组件在 EJB 容器上运行），容器之间通过相关的协议进行通信，实现组件的相互调用。J2EE 的多层企业级应用模型将传统模型中的不同层面进行切分，为不同的服务提供一个独立的层。J2EE 的基本体系结构分为 4 层。

（1）运行在顾客端机器上的顾客层组件

这一层对应于 J2EE 应用程序的顾客端，可以是基于 Web 方式的（如 Web 页面，Applet），也可以是基于传统方式的（如 Java 应用程序）。

（2）运行在 J2EE 服务器上的 Web 层组件。J2EE 的 Web 层组件可以是 JSP 页面或 Servlet，也可能包含某些 JavaBeans 对象来处理用户输入，并把输入发送给运行在业务层上的 EnterpriseBeans 进行处理。

（3）运行在 J2EE 服务器上的业务逻辑层组件。业务逻辑层组件主要指的是 EJB（enterprise java bean）。EJB2.0 规范中定义了三种 EJB：会话 Bean（Session Bean）、实体 Bean（Entity Bean）和消息驱动 Bean（Message Driven Bean）。会话 Bean 描述了与顾客端的一个短暂的会话。当顾客端的执行完成后，会话 Bean 和它的数据都将消失，按照是否维护顾客端的状态信息可将其分为有状态的和无状态的。实体 Bean 描述了存储在数据库的表中的一行持久稳固的数据。如果顾客端终止或者服务结束，底层的服务会负责实体 Bean 数据的存储。消息驱动 Bean 结合了会话 Bean 和 Java 消息服务（Java message service，JMS）信息监听者的功能，它允许一个商业组件异步地接受 JMS。

（4）运行在 EIS 服务器上的企业信息系统层软件。企业信息系统层处理企业信息系统软件并包含诸如主机事务处理、数据库系统和其他传统系统等底层系统。

（二）系统开发工具

数字图书馆个性化服务系统（MyLibrary）采用 IBM 公司开源代码软件 Eclipse 来开发调试 Java 类，如 Servlet 类、Bean 类；采用 Macromedia 公司的 Dreamweaver MX 2005 来开发调试 JSP 页面。Eclipse 是 IBM 公司花了多年时间开发出来的一个开源 Java 集成开发环境，它的最大特点是可扩展性，通过加插第三方插件来实现其功能的扩展。Dreamweaver MX 2005 是一个可视化 JSP 页面开发工具，方便页面的设计。

（三）系统运行环境

要使系统真正运行起来，需要给它搭建一个运行环境，一个稳定和使用方便的工作平台可以大大提高工作效率。本系统选择的运行环境是 JDK1.5 + Web 服务器、WebSphere + Oracle10G 数据库。JDK 是 Java 应用程序的编译和测试工具，它提供了运行 Java 程序的 Java 虚拟机平台；WebSphere 是运行

JSP、Servlet 组件的容器，同时它也作为 Web 服务器来使用。

二、个性化服务原型系统展现

当用户登录图书馆网站时，系统前台会根据用户信息转向个性化首页，每个用户的个性化首页都是因人而异的。其中个性化定制、我的收藏夹、图书推荐等服务是个性化首页的主要内容。其中，＝图书推荐服务的主要过程如下。

系统后台处理程序根据用户的基本信息，如用户 IP 地址、用户 ID、用户的访问时间等，从个性化数据库中查找为该用户推荐的图书、期刊等文献资源。用户进入个性化首页以后，首页上会有最近最受欢迎文献资源的排行榜，也就是被用户借阅或访问最多的文献资源。单击"资源推荐"链接以后，系统会根据用户的相关信息为其推荐相关资源。

注册用户登录成功以后会进入个性化首页，个性化首页包括个人资料、资源检索、个性化定制、我的收藏、资源推荐等功能。个性化系统包括以下几个主要功能。

个性化定制部分允许用户选择自己感兴趣的研究方向，选择研究方向以后再具体设定相关的关键字，系统可以根据关键字进行更加精确的推荐；用户也可以设定推荐资源的时间间隔，如三天或五天推荐一次，另外用户还可以设定每次推荐资源的数量等等。

资源推荐是本系统要完成的主要内容，是本系统的重中之重。个性化数字图书馆推荐系统会为每一位注册用户推荐一些图书、期刊、学术论文等文献资源。推荐的资源包括根据用户访问日志挖掘产生的资源，这是推荐资源的主要来源，也可能包括访问量较大的文献、点击率较高的热门图书或期刊等。如果可能的话，新加入的符合用户兴趣爱好的文献也会被推荐给用户。

"我的收藏夹"是数字图书馆为用户建立的个性化信息资源库，是用户的私人信息空间。用户如果找到了适合自己的资源或者感兴趣的知识就可以将其放入个人收藏夹，这样，个人收藏夹里面就存放了用户喜欢的资源、历史访问信息资源、定制、推送信息资源以及历史访问关键字等相关信息。如果用户在访问时发现了一本图书并且它是自己感兴趣的，而此时又没有太多的时间访问，那么，他就可以把这本书加入"我的收藏夹"，这样，在下次访问的时候就可以直接进入"我的收藏夹"，查看自己想要的内容，而不需要重新搜索，从而节省了大量时间。

第九章　图书馆特色资源与服务发展创新

第一节　云计算下特色资源的整合与共享

一、云计算的概述

业界对云计算的理解和定义众多，较为共识的云计算是分布式处理（distributed computing）、并行处理（parallel processing）和网格计算（grid computing）的发展，或者说是这些计算机科学概念的商业实现，是虚拟化（Virtualization）、效用计算（utility computing）、基础设施即服务（cinfrastucture as a service，IAAS）、平台即服务（platform as a service，PAAS）、软件即服务（softwore as a service，SAAS）等概念混合演进并跃升的结果。其基本原理是通过计算使资源分布在大量的分布式计算机上，而非本地计算机或远程服务器中，按照互联网运作模式将资源切换到所需要的应用上，根据需求访问计算机和存储系统的网络资源共享利用模式。在这一共享利用模式中，"云"是指各种大量的计算机阵列组成的大型服务器集群，以共享基础架构为方法，将所有的计算机资源集中起来，构成一个互联网的资源池向全球用户提供公共服务，用户只需要一台电脑或者一部手机，就可以通过网络服务来获取自己需要的信息、知识。云计算作为新一代互联网计算模型，其具有强大的计算能力和低成本、高安全、按需所取等特性，在信息资源共享管理中具有明显的优势。

云计算的主要特点表现为以下几个方面。

（1）云计算提供了最可靠、最安全的数据存储中心。对于普通电脑，硬盘崩溃或病毒入侵可能损坏所有数据，但是在"云"里面，一台计算机的崩溃不会影响到存储的数据，这是因为"云"会自动备份存储的数据。同时，严格的权限管理策略可以使用户放心地与其指定的人共享数据。

（2）云计算对用户端的设备要求其低，使用起来也较方便。用户不需要购买非常高端的电脑来运行云计算的 Web 应用程序，因为这些应用程序是在"云"上面，而不是在本地运行，所以桌面电脑就不需要传统桌面软件所要求的处理能力和存储空间。同时，云计算能够为各种规模的组织显著地降低硬件和软件的维护成本。硬件都由云计算提供者管理，所以组织基本上不用再进行硬件维护，系统软件等也是同样的情况。

（3）云计算可以轻松实现不同设备之间的数据与应用共享。一方面，随着网络化进程的迅猛发展，如今的网络就像生活中的水、电一样，成为生活的必需品；另一方面，移动设备快速成长，难以计数的可联网装置从计算机、手机到汽车、家电甚至相机都有安装。在计算机上的数据，也需要在手机等上使用，最好的方式就是把数据放到网络上，只要上网就能取得，不用把同一份资料在不同网络工具中转来转去。

（4）云计算为人们使用网络提供了无限多的可能。云计算为存储和管理数据提供了无限多的空间，也为人们完成各类应用提供了无限强大的计算能力。个人和单个设备的能力是有限的，但云计算的潜力几乎是无限的。把常用的数据和重要的功能都放在"云"上之后，只需要一台计算机或电子设备接就可以获取想要的信息。

二、云计算下特色资源整合与共享的新机遇

信息时代的到来以及网络技术的不断更新，决定了特色资源的发展趋势是实行共建共享，关于这一点，我国图书馆同行已经达成了普遍共识。施行特色资源的共建共享，是解决知识信息剧增与单个图书馆馆藏能力不足这一矛盾的有效途径。

但是，图书馆目前采用的现代信息技术应用的局限性，制约着图书馆特色信息资源共建共享的进一步发展。现代信息技术的应用是一个不断发展的过程，目前，图书馆采用的一些技术存在一定的缺陷。如计算机及其配件市场比较混杂，升级换代频繁，给信息技术工作者的选择带来了困难，增加了工作强度和难度；通信线路传输速率低，尤其是在传递多媒体信息时更显能力不足。要促使图书馆特色资源的共建共享更上一个台阶，就需要解决这些制约其发展的问题。云计算对用户终端要求不高，一般只需服务器集群升级换代即可，而服务器集群由专人负责，所以，对图书馆来说，云计算不但能解决升级换代频

繁带来的困难，而且能节约硬件升级及维护费用，相关技术人员不必在升级图书馆的相关硬件上煞费苦心，工作强度大大降低了，这样有更多的时间开展其他工作。要实现云计算，就需要一片有着强大能量的"云"，即网络连接和强大的网络计算能力。而云计算的无限带宽网络，就能有效地解决信息传输过程中的带宽不足、速率低的问题。此外，在云计算环境下构建图书馆特色资源共建共享模式，可以避免图书馆的资源重复建设，节约图书馆的成本，将庞大的异构资源有机地整合起来，提供统一平台，实现信息资源的全面共享。云计算的核心是海量数据的存储和计算。由几十万台甚至几百万台计算机构成的计算机群，对信息进行聚合和分布处理，然后通过网络为用户提供服务。这样，用户只需要将计算机、手机、掌上电脑等终端设备接入互联网，便可获取需要的信息服务。未来，用户只需要一台笔记本电脑或者一部手机，就可以通过网络服务实现其需要的一切，甚至一些个人计算机无法应对的超级计算任务。

云计算提供了最可靠、最安全的数据存储中心，有利于降低数字图书馆信息资源共享的安全风险，提高了数字图书馆特色资源的安全性。目前，阻碍数字图书馆信息资源共享的主要问题仍是信息安全，馆藏数据库一旦发生感染病毒、设备损坏造成的数据丢失、破坏等情形，后果将不堪设想，而云计算的冗余存储、容灾机制能有效解决这一问题。使用云计算服务的用户的数据库不在用户自己的数据中心里，而是位于云中心，由数据中心的管理者集中对数据进行统一管理、分配资源、均衡负载、部署软件、控制安全，并进行可靠的安全实时监测，可使馆藏数据得到最大限度的安全保证。云计算提供了最可靠、最安全的数据存储中心，用户不用再担心数据丢失、病毒入侵等问题。云服务端有专业团队管理信息，有先进的数据中心保存数据，严格的权限管理策略还可以帮助用户与其指定的人共享数据。图书馆可以根据用户信息需求，将用户划分为若干个层级，根据不同的层级设置不同的资源层访问权限，严格控制用户对共享资源的访问，确保数据安全。云计算提供了云端设备和技术，有利于缩减图书馆资源共享实现成本，降低了特色资源的共享成本。目前，各个图书馆为了使用最新的操作系统，不断对工作人员的 PC 机进行升级换代。在云计算模式下，PC 机的定义将发生很大的改变，计算的架构从集中于 PC 或服务器的某一"端"走向"云 + 端"。软件企业的业务模式从软件走向"软件 + 服务"。图书馆将不必购买本地安装的自动化系统及开发软件，云计算提供商提供具体的硬件、软件和更新，降低了用户端的设备要求，用户只需要通过登录各种上网设备便可享受云服务所提供的自己需求的资源。可以想象，这种模式若应用于图书馆信息资源共享系统，将节约大量设备、人力等方面的投入成本，从而达到缩减信息资源共享实现成本的目的。云计算服务提供的是按需服务，基于某个特定应用程序的成本不再是由用户个人承担，而是由所有用户均摊，用户只需要为自己所使用的部分付费，这样降低了数据运行的建设成本。在使用过程中，用户只需要通过互联网连接云计算中心，不必购买服务器和存储装置，不需要自行升级软件，也不需要专门的技术团队维护数据中心的正常运行，从而降低了运行和维护成本。云计算的基础是"整合"的思想，采用统一的基础架构，如硬件、软件、服务等，在对资源的利用方面不用考虑传输协议、数据结构等对信息资源的整合。简言之，在图书馆领域，各个图书馆的各种编目信息、自建资源等可以借用一朵"云"统一结合起来，内容高度融合，用户通过网络获取他们想要的文献，他们只需要关注获取过程本身，无须理会界面之后的繁复运作，各个高校图书馆的信息资源将得到真正的整合和共享。几乎每个云计算服务提供商都提供了开放的应用程序接口（application programming interface，API）开放的应用程序运行环境。数据库环境等作为一种服务提供给使用者，让使用者能够自定义开发更加适合自己特色业务的应用程序。

云计算提供了不同数据库之间的应用与共享环境，有利于扩大图书馆信息资源共享范围。目前，我国图书馆网络数据基本上处于"分布式存储""分布式访问"的状态，各种数据资源都有自己的数据结构、组织形式、查询方式以及显示界面，用户为了查准、查全所需要的资料，需要进入不同的查询系统并熟悉每个数据库的检索方式和显示格式。而云计算可以在技术和管理上将分布式存储在不同设备上的数据库统一起来，通过对数据库的多样性格式进行屏蔽，为用户提供统一的检索入口，使用户可以方便透明地访问多个数据库，极大地提高了信息检索的效率，扩大了信息资源共享范围。

三、云计算下特色资源整合与共享的可行分析

（一）技术体系分析

目前，对于云计算技术体系的研究已经相对成熟，国内外众多专家和IT企业都提出了不同的解决方案，已形成一些具有代表性的技术体系结构。例如，Amazon研发的网络服务，其技术体系由4块核心服务组成：弹性计算云（elastic compute cloud，EC2）、简单存储服务（simple storage service，S3）、简单排列服务（simple queue service，SQS）及目前尚处在测试阶段的Simple

DB；IBM 的云计算解决方案由 4 层构成：硬件和操作系统的基础设施，软件系统和管理平台（包括一组部署管理软件、虚拟化组合和云计算管理系统），云计算提供的各种虚拟机，由虚拟机组合形成的各个具体的云计算使用中心。我国云计算专家刘鹏在《云计算技术原理》一文中提出了一个技术体系结构，它由物理资源层、资源池层、管理中间件层和面向服务架构的构件层组成。该体系结构全面系统地概括了不同厂商提出的云计算体系结构的主要特征和重要功能。可以说，这些技术体系和实现方案为构建云计算环境下图书馆特色资源共享系统提供了技术支持，因此，构建基于云计算的图书馆特色资源共享系统在技术上是切实可行的。

（二）应用环境分析

目前，从应用环境来看，国际上知名的企业，如 Google、Amazon、IBM、Microsoft、Yahoo 等，在云计算领域均有较成功的实践。Google 公司提供的 Google 文档、Google 地图等多种应用都是基于云计算环境的，目前有超过 50 万家企业签约使用 Google 应用软件引擎，用户群已经接近 1000 万人。Amazon 公司提供的弹性计算云已在世界范围内得到了相当高的认可，许多公司采用这个平台来搭建自己的云计算服务。IBM 公司在 2007 年发布了"蓝云计划"产品，已经建立了多个云计算中心，提供丰富的产品帮助企业建立自己的私有云。Microsoft 公司推出了新操作系统 Azure，企业用户既可以在公司计算机上运行，也可以经由 Microsoft 通过互联网提供相同服务，将采用"即用即付"模式对 Azure 定价。另外，Yahoo、Hewlett-Packard、Intel 3 家公司共同组队创建了"云计算测试平台"，目前已有 50 多个研究项目与其接轨。在我国，云计算发展非常迅猛。阿里巴巴、中搜、瑞星等 IT 企业均建立了自己的云计算中心，并取得了初步进展。可以说，这些云计算的应用，为构建云计算环境下图书馆特色资源共享系统积累了丰富的实践经验。

（三）互惠互利分析

对图书馆而言，通过传统模式构建特色资源共享系统会面临资金投入大、更新和维护成本高等一系列问题。而 IT 企业提供的云计算服务具有零设备投入、零运维成本等优点。因此，在现阶段构建图书馆信息资源共享系统，无须斥巨资购买昂贵的计算机设备，只需要花少量的租金租用 IT 企业所提供的计算、存储、服务即可，并通过向 IT 企业支付一定的服务费用就可达到预期的效果。在云计算环境下，服务器的日常维护由云计算服务商提供，图书馆不必另外支付费用，节省了人力、物力和时间成本。一般认为，构建图书馆基于云计算的特色资源共享系统，对图书馆来说，以极低的成本投入获得高质量的资源服务，可以减少图书馆建立和维护特色资源共享系统的经费。对 IT 企业来说，可以通过提供资源服务而获利，同时也是 IT 企业深化和开拓市场服务领域的有效途径。由此可见，云计算可使图书馆与 IT 企业实现双赢。

四、云计算下特色资源整合与共享的发展对策

与传统图书馆相比，云共享服务模式改变了面向用户的计算服务方式，同时也带来了诸多云计算的安全问题，开放的接口为非法访问提供了可能。这对数据的存储和传输、平台的可靠性及持续发展性产生了新的威胁，只有认真分析云共享面临的这些安全威胁，从云存储系统建设、云安全维护策略制定及安全防范、管理制度入手，有针对性地采取有效的安全措施，才能确保云共享的安全、可靠与长久运行，更好地为用户服务。

（一）协商制定科学有效的云特色资源共享相关准则

对于特色信息资源进行云共享的相关准则，除参考有关国家、行业标准外，一些具体的准则，如权益分配、维护权限等，则要根据共享的服务内容、服务方式、服务范围等进行科学协商，制定出科学有效的云共享相关准则，以便对图书馆各方的权利、职责与权限进行划分，防止出现责任难分现象。同时，依据云共享的规模和建设思路，选择安全设备较高、信誉度较高、安全防护体系较高的云服务商。

（二）提高云中共享资源的威胁监测能力

为了提高云中所存数据的安全性，目前，部分云服务商已采取了一些监测手段，如数据审计等，以便高效、准确、快速地监测到存储数据所存在的可能威胁，这种检测已成为云安全防护体系的重要部分。在云环境下，云共享为图书馆用户利用云平台提供了开放的接口，对顾客端存在的威胁进行检测和防护，并利用病毒行为监控技术防范未知威胁。顾客端可将本地不能识别的可疑流量及时送到云端检测中心，利用云端计算能力快速分析安全威胁，并将获取的威胁特征推送到全部顾客端和安全网关，使云共享系统和顾客端都具备云安全监测、防范的能力。此外，还可建立专门的云安全集中中心，以保障云图书馆核心业务的安全，有效地节约云图书馆安全建设经费。

（三）在云共享的信息传输中采用数据隐藏技术

云共享信息资料传输过程中可能存在的信息截取、修改、替换等威胁，使得图书馆与云之间的信息交互过程成为最有可能遭到信息破坏的环节之一，一些云服务商要求用加密的手段以防数据在传输中遇到的种种威胁。其实，在云安全体系的监测保证下，采用加密存储的方式能够保证所存数据的安全与运行，但在传输过程中，经过加密处理的密文是一组乱码，当攻击者发现信道存在密文时，就会利用已有的各种攻击方法对密文进行截获与破译，尽管密文不易被破译，但使通信易被第三方察觉，在一定程度上向攻击者明确提示了重要信息的存在，所以容易引起攻击者的注意，进而遭受到干扰和攻击，导致信息传输过程中存在的威胁性大增。对于图书馆的核心数据，如财务信息、用户信息等，可采用目前在军事界应用较为广泛的信息隐藏技术。信息隐藏是将机密信息隐藏于另一公开信息（载体、宿主、掩体对象）中，即将机密信息（嵌入对象）嵌入到另一个表面看起来普通的信息载体中，然后通过该公开信息（隐藏对象）的传输来传递机密信息，第三方（攻击方）很难从公开信息中判断机密信息是否存在，降低了机密信息的截获率，也从根本上降低了传输中数据遭到破坏的威胁性。

（四）建设两个云共享中心

利用云进行图书馆信息资源的共享具有低成本、部署快速、管理简便、可靠性高、数据灾难备份等优势。为了保证云共享的可靠性和持续性发展，图书馆云共享需要建设云共享主存储服务中心和备份云共享存储服务中心两个完全相同的跨地域云存储数据中心，形成一个跨地域的统一安全存储平台。图书馆云共享主存储服务中心和备份云共享存储服务中心以负载均衡的方式工作，并定期由主中心向备份中心进行数据备份迁移。于是，当主中心遭受攻击或因不可抗拒因素停止工作时，备份中心就能保障图书馆云共享存储服务中心的数据安全及服务的不间断，解决了持续性和可靠性问题。

五、云计算下特色资源整合与共享的构建模型

构建图书馆特色信息资源共享系统应遵循信息系统的一般模型。鉴于图书馆基于云计算特色信息资源共享系统的特殊性，需要对元数据进行处理，对现有资源进行封装，以便于系统的查询、用户需求的匹配。因此，在云计算体系结构的基础上，给出个性化图书馆特色信息资源共享系统的结构模型。其中各

部分的任务、功能及可使用技术包括以下内容。

（一）物理资源层

物理资源层是图书馆特色信息资源共享云计算系统的最底层，提供最基本的硬件资源：计算机、服务器、存储设备、数据库、网络设备等。在这个模型中，对计算机的硬件要求很低，可以使用价格低廉的 PC 机，通过分布式技术和虚拟化技术将分散的计算机组成一个提供超强功能的集群，用于计算和存储云计算操作。

（二）虚拟管理层

虚拟管理层是图书馆特色信息资源共享云计算系统的第二层，虚拟化是云计算的核心设计技术。通过虚拟化技术将物理资源层中大量相同类型的资源构成同结构或结构相似的资源池，消除物理硬件的限制，降低了硬件管理复杂度，提高了硬件资源的利用率，有效控制其成本，保证了信息资源共享系统的可扩展性，其目的是为上层提供共享资源。

（三）事务管理层

事务管理层是图书馆特色信息资源共享云计算系统的核心部分，由应用监控、用户管理、任务管理、资源管理、安全管理等内容组成。其主要功能是利用云计算技术将物理资源层提交的受控资源整合在一起，供虚拟组织的应用程序共享、调用。在虚拟管理层的有效调控下，物理资源层的各项资源通过一系列作用抵达服务层，最终实现用户的需求。

（四）服务层

服务层是图书馆特色信息资源共享云计算系统的实现平台，由服务接口、服务注册、资源查找、课题咨询、信息交流等内容组成。其主要功能是向用户提供应用服务和解决方案，在云计算共享域内，所有图书馆通过云计算网络建立统一的接口，用户通过服务接口进入数据库，获得借阅、咨询及其他服务。这说明图书馆云服务平台的具体实现层在特色信息资源共享系统中，各个子系统之间相辅相成、交互作用，形成一个可控的、适应的云计算服务体系，通过对各种服务进行动态管理和分配，来满足不同层次和规模数字图书馆的需求，支持馆级透明的协作和服务获取，支持各馆用户的聚合和参与，支持多馆协作的社会化网络的构建，支持多馆资源的共建共享，具有自适应扩展的能力。如果图书馆云服务能真正地建立起来，就能彻底解决现阶段图书馆特色资源共建共享面临的问题。云计算的价值不仅体现在先进的技术本身，而且体现在技术应用理念方面。它给数字图书馆特色信息资源的共享带来了一种新的思路。云计算在图书馆的应用将是图书馆发展的一个趋势，它可以将庞大的异构资源有机地整合起来，提供统一平台，实现特色信息资源的全面共享。随着云计算的研究与应用升级，图书馆应用"云"进行信息资源的共享、计算与服务不再遥远。

当然，真正实现云计算环境下的信息资源共享要解决的不仅仅是技术问题，还涉及政策法规制度、数据版权、机构管理、信息安全、个人信息隐私等方方面面的问题。然而，云计算确实能为图书馆创造价值。云计算的应用可以使图书馆人更加专注于自己的特色信息资源的共建共享，摆脱 IT 的束缚，并使得特色信息资源的建设可以进行更大范围的协作、共享，提供更优质的服务。

第二节　移动图书馆与移动服务

随着移动通信技术的飞速发展，移动通信已经和有线互联网相互融合，正在给社会生活的方方面面带来巨大的变革。基于因特网的图书馆服务如今已经日趋完善与成熟，利用新兴移动互联网技术拓展传统数字图书馆服务，随时随地为用户提供实时信息服务必成图书馆的发展趋势。移动互联网技术将对图书馆事业的发展产生深远的影响。移动图书馆通常是指图书馆针对手机用户开设和提供相关信息服务，有时也称掌上图书馆、手机图书馆。

一、移动互联网的发展概况

互联网与移动通信的融合是 21 世纪的科技革命。美国著名的国际金融服务公司摩根士丹利的全球技术和电信分析师指出：我们已经进入移动互联网时代，未来 5 年内，通过移动通信装置（如平板计算机、MP3、掌上电脑、汽车电子产品 GPS、音频、视频等）接入互联网的用户数量很有可能超过通过桌面 PC 接入互联网的用户数量。

在我国，移动互联网也展现出巨大的发展潜力。中国互联网络信息中心

（CNNIC）发布的《第 34 次中国互联网络发展状况统计报告》显示，截至 2014 年 6 月，我国手机网民规模达 5.27 亿，手机上网的网民比例为 83.4％，手机网民规模首次超越传统 PC 网民规模。移动互联网带动整体互联网各类应用的发展，移动金融、移动医疗、移动社交媒体等新兴领域的移动应用多方向满足用户上网要求，推动网民生活进一步"移动化"。在移动互联网时代，用户可以随时随地登录互联网获取信息。这是继互联网、搜索引擎之后，图书馆面临的又一大挑战。图书馆如何吸引用户，如何提供更优质的服务。利用移动互联网技术开展移动数字图书馆服务，让用户利用随身携带的移动终端快捷方便地获得图书馆的各种个性化和人性化的服务，将是未来图书馆服务的一项重要内容。从这个角度看，移动服务体现的是数字图书馆的个性化服务，也是数字图书馆服务的发展方向。

二、移动图书馆产生的背景

移动图书馆是数字图书馆的一个分支，它具备数字图书馆的一般特征，同时还具备"可移动"的特征。这种"可移动"的特征表现在用户不必依赖 PC 来实现数字资源的浏览、下载和阅读，用户可以通过手中的便携设备（如手机、MP3、掌上电脑等手持阅读器）来浏览、下载、阅读数字资源。

移动阅读作为数字阅读的深化应用阅读形式，突破了需要电脑、网络以及固定位置才能进行数字阅读的限制，极大地满足了人们进行数字阅读时的随意性。图书馆将因为引入移动数字阅读而扩大用户的使用范围，发挥更大的作用。

图书馆服务的理想目标的本质就是信息服务无处不在，无时不在。任何用户可以在任何地点、任何时间获取图书馆的任何资源。而图书馆的服务上了一个台阶，从过去的印刷本的借阅到现在的数字图书馆的建设，数字图书馆进入移动服务会使图书馆服务达到一个新的高度，真正实现图书馆服务的理想目标。未来几年，移动设备的使用量将会超过电脑使用量的，移动设备将成为主流信息获取设备，而顺应历史潮流也是图书馆发展的必然方向。

三、移动图书馆服务现状

目前，许多图书馆已开展移动图书馆服务，其服务内容也在不断拓展，主要有短信息业务（short message service、短信服务）、WAP 网站常规服务（包含图书馆新闻、馆藏目录检索、用户借阅 SMS、参考咨询、图书馆使用指南等服务）、WAP 网站数据库检索服务、电子书服务、音频和视频指南服务、服务等。

（一）SMS 服务

SMS 是最常见的移动图书馆服务，拥有借阅证或用户卡的用户通过注册之后即可享受图书馆的 SMS 服务。提供的服务：一方面是图书馆主动发给用户的新闻、讲座、预约到达、图书催还、过期罚款催缴等；另一方面是用户按照一定的指令查看馆藏信息、借阅情况、图书馆工作时间、参考咨询等。国外开展该项服务的有美国加州大学图书馆、美国丹顿公共图书馆、澳大利亚莫纳什大学图书馆、瑞典马尔默大学图书馆、新加坡南洋理工学院图书馆等。国内开展该项服务的有国家图书馆、上海图书馆、苏州图书馆、成都图书馆、深圳图书馆、济南市图书馆、吉林省图书馆、清华大学图书馆、四川大学图书馆、成都理工大学图书馆、浙江大学图书馆、中国计量学院图书馆等。

（二）WAP 服务

WAP 网站提供的常规服务有图书馆新闻、馆藏目录检索、用户借阅信息查询、参考咨询、图书馆使用指南等。各个图书馆的 WAP 服务都有其特色的内容。例如，美国艾德菲大学图书馆的 WAP 网站提供班车时刻表、校园黄页、体育新闻、艺术学院表演时间、学校地图、校历等信息服务；加州大学富尔顿分校 Pollak 图书馆的 WAP 网站提供电子阅览室空闲计算机的实时数量、图书馆馆员的联系电话及服务内容等信息。国内典型的应用案例有上海图书馆、国家图书馆等。上海图书馆于 2009 年 10 月推出其 WAP 网站，该网站提供"书目检索""上图电子书""上海与世博""动态新闻""上图讲座""分馆导引""服务与简介" 7 个栏目。用户可在该网站检索全市书目和馆藏，查看新闻、讲座、分馆地址、地图、电话、开放时间、用户借阅信息以及续借服务等。其中"上图电子书"还提供了全新的电子书借阅服务，凭"上图用户卡"和身份证号即可通过手机移动阅读方式看电子书，进行在线阅读时可做、笔记、划词翻译、搜索书内全文等。

国家图书馆于 2008 年 12 月推出"掌上国图 – 国家图书馆移动服务"，为用户提供"资源检索""在线服务""用户指南""用户服务""文津图书奖""掌上国图""留言板" 7 个版块。每个版块又细分为多项服务，可以检索 OPAC 和特色资源（包含千余种典籍，500 余种音频视频，3 万多张图片以及近 10 万篇博士论文），提供在线讲座、在线展览、在线阅读、书刊推介、讲座预告、图书续借、图书催还、在借信息、借阅历史、预约和预约到达通知、用户注册、一卡通信息查询，同时还提供个性化推送服务、阅览室定位帮助和指南信息等。

另外，一些图书馆利用 WAP 提供数据库检索服务。例如，耶鲁大学图书馆提供 EBSCO、PubMed、MedlinePlus、Harrison's Online 等数据库的检索服务，可以获得检索结果题录文摘和全文链接，也可以选择将检索结果以 E-mail 的形式发送给用户，加州大学富尔顿分校 Pollak 图书馆可以提供 EBSCO、IEEE xplore、Factiva、WorldCat、PubMed、不列颠百科全书网络版等数据库的检索服务。

（三）电子书服务

移动电子书服务产生的背景是电子阅读器的飞速发展和图书馆数字资源的建设。自 2007 年亚马逊推出电子书阅读器 Kindle 以后，全球掀起了电子书阅读热潮。目前，电子书阅读器有 Amazon Kindle、Sony Reader、Banrnes & Noble 的 Nook Simple Touch 等，除了专门的电子阅读器外，智能手机、平板电脑也能进行电子书的阅读。电子书服务主要利用图书馆馆藏，与电子阅读器公司合作。例如，德州农工大学图书馆、美国北卡罗来纳州立大学图书馆等与 Kindle 合作，用户通过 Kindle 阅读器及安装 Kindle 的移动终端阅读图书馆的电子书；美国纽约公共图书馆、伦敦大学图书馆、美国杜克大学等与 iTouch/iPod 合作；美国俄亥俄州的联机计算机图书馆中心（OCLC）与 Sony Reader 合作。一些图书馆还能提供有声读物，如美国圣约瑟夫市公共图书馆、阿拉斯加大学费尔班克斯分校图书馆、美国纽约公共图书馆（现有 1900 多种有声读物，iPod 能兼容的电子书有 100 多种）等。

（四）音频和视频指南服务

音频和视频指南服务的服务方式主要有两种：一是将音频和视频指南放在网站上供用户下载至移动终端，如美国西雅图公共图书馆、波士顿图书馆、美国波尔州立大学图书馆等提供 MP3 音频指南供用户下载至 MP3、iPod 及手机等移动终端；另一种是与视频网站合作，如英国爱丁堡中心图书馆、美国萨福克大学图书馆等将视频指南放在 YouTube 上，用户可通过手机访问 YouTube 网站来观看。

四、移动图书馆的实现技术

实现移动图书馆服务的具体技术包括 Silverlight/MANET、J2EE、Struts-Spring-Hibernate 等。刘红[1] 等利用 Silverlight 技术实现图书馆移动服务，系统结构采用 B/S 模式，开发技术使用 .NET，Java Script 等，后台数据库采用 SQL Server 2005。李敬维[2] 基于分级异构 MANET 设计移动图书馆服务系统，MANET 是一种无线分布式网络技术。贺利娜[3] 提出一种基于 J2EE 和 J2ME 技术的移动图书馆实现方案，这是一种手机顾客端与服务器相关联的体系结构，需要手机支持 Java 虚拟机，同时它也是一种跨平台的通用系统。

丁夷[4] 提出了一种基于 Struts-Spring-Hibernate 框架的移动图书馆服务系统，它可以实现各种服务功能的定制，移动阅读服务（下载电子书），视频播放服务、可视参考咨询服务。王泽贤[5] 探讨了手机短信在图书馆中应用的关键技术，作者详细阐述了目前用计算机收发短信的 3 种主要方法：（1）通过短信应用服务商实现。（2）通过网站提供短信服务，如新浪、网易。（3）通过 MODEM 需要的专用硬件，包括无线 MODEM 以及支持 MODEM 功能的手机实现。沈向若探讨了利用多媒体消息服务（multimedia message service，MMS）技术实现图书馆移动服务。

五、移动图书馆的发展与融合

移动图书馆服务的应用可以追溯到 2000 年左右，日本和欧洲在移动通信技术方面相对比较先进迄今为止，芬兰、日本、英国、美国、等国一些图书馆在试验提供手机信息服务，它们的实现方式主要是短信息和无线上网两种。芬兰赫尔辛基工业大学图书馆使用芬兰 Portalify 公司开发的 Liblet TM 系统，以短信服务为主，兼顾 WAP 及其他接入技术，提供的手机服务有续借、到期提

① 刘红,杨发毅.利用 Silverlight 技术在手机上实现数字图书馆信息服务 [J].微型电脑应用，2010,(01)：62-64+6.

② 李敬维.一种基于分级异构 MANET 的移动图书馆服务系统 [J].图书馆学研究，2010,(21)：43-45.

③ 贺利娜,李嫄源,田增山.基于 J2ME 和 J2EE 的手机图书馆研究与设计 [J].图书馆理论与实践，2010,(12)：63-66.

④ 丁夷,金永贤.基于 Struts+Spring+Hibernate 框架的手机图书馆服务系统 [J].大学图书馆学报，2011,(01)：77-82.

⑤ 王泽贤.手机短消息在图书馆的应用及其实现的关键技术 [J].现代情报，2004,(08)：198-200.

醒、预约到书通知、用户借阅清单等，用户只需向运营商支付基本通信费。美国南阿拉巴马大学图书馆的"无屋顶图书馆计划"使用掌上电脑通过移动通信网络检索图书馆资源，用户可以通过无线方式连接图书馆的在线公共查询目录（OPAC）查询馆藏资料。

（一）移动图书馆的服务内容

国外移动图书馆的服务建设主要在短信参考咨询服务、流通服务、语音导览服务、手机互动式导览服务移动馆藏等方面取得了较大进展，值得我国手机移动图书馆借鉴。

1. 短信参考咨询服务

短信参考咨询服务是指允许用户以短信的形式发送咨询问题，并以同样的方式接收回复。如果可以用简洁的语言回答用户的问题，那么考虑使用短信参考咨询，如一些关于服务信息的咨询等。如果可以用160字以内的文字回复大部分用户的问题，那么这一服务就会非常有价值。美国橘子郡公立图书馆允许用户用手机发送文本来咨询服务，也可以利用某一特殊关键词以达到立即获得结果的目的，如通过邮编查找最近的公共图书馆分馆。

2. 流通服务

SirsiDynix 开发了一款手持流通工具 PocketCirc，让用户在掌上电脑上就可以访问 Unicorn 图书馆管理系统。这种无线解决方案可以让员工在社区或校园等非办公区域内帮助书库中的用户查看资料，还可以在图书馆周围边走边升级书目信息。

3. 语音导览服务

语音导览服务通过让用户将导览下载到自己的 MP3 或手机中，帮助图书馆的参观者或者新用户尽快熟悉图书馆的布局、结构、功能与服务。美国杜克大学图书馆导览包括10部分内容，用户可以将其下载到 MP3 中。美国蒙斯希学院图书馆将其 beatley 图书馆和信息共享空间的语音导览为学生、教职工预装到了 iPod 中。美国南加州大学图书馆提供的 Doheny Memorial Library 语音导览包括8部分内容，让远程移动用户通过 iTunes 的大学校园生活频道了解其大致的结构。

4. 手机导览服务

手机互动式导览服务的实现方法是通过让用户用手机拨免费号码来获取图书馆的语音导览。用户可以自由选择自己想要了解的那部分内容，自行把握节奏，且可以对图书馆的服务进行评论并反馈意见。美国学院的 Baker Berry 图书馆、Folger Shakespeare 图书馆和博物馆，以及美国国会图书馆都采用了这种互动式服务。

5.移动馆藏

Thomas Forord Memorial 图书馆和 St. Joseph County Public 图书馆将语音图书事先下载到可以借给用户的 iPod nano 中。下载到用户 iPod 设备当中的语音图书的借阅为期 3 周。Crouch Fine Arts 图书馆将本学期音乐课程的所有作业都预装到 iPod 中，并按照教授和课程号组织排序。学生最多可以将这些 iPod 借出 12 个小时。美国弗吉尼亚大学图书馆建了一个有 2100 本电子图书的电子文本中心，21 个月里下载量达 850 万次。

（二）移动图书馆与图书馆传统信息服务的融合

夏南强[①]通过电子邮件和因特网访问的方式，调查了国内外图书馆开展移动图书馆信息服务的情况，充分体现了移动图书馆与图书馆传统信息服务的有机融合。

1.移动图书馆应用实例分析

以美国、加拿大为代表的西方发达国家，其图书馆非常重视借助智能手机为用户服务，创建移动数字图书馆。移动通信工具在年轻人中的普及为年轻人利用学习资源提供了一种新的方式。加拿大阿萨巴斯卡大学的 M-Library 项目最早在 2005 年的 IADIS mLearn 大会中提出。M-Library 网站提供大量数字资源和图书馆服务，包括数字阅览室、电子课程预约、数字参考咨询、数字论文与项目阅览室、帮助中心、搜索引擎、期刊数据库、图书馆目录检索系统，以及通过万维网提供的图书馆服务。该项目对于保证移动图书馆网站的内容能够适合小屏幕阅读做了大量工作，也就是格式可以随着访问网站的设备进行调整。M-Library 系统能够自动识别用户的设备，并提供适合该用户阅读的网站版本（移动版或 PC 版）。此外，用户也可以通过手机访问由 Innovative Interfaces 开发的专为无线移动设备设计的图书馆目录检索系统。用户可以用移动设备检索馆藏目录、核实图书到期日、请求文献，以及浏览自己的借阅历史。在美国，很多图书馆为满足特定群体的需要，纷纷着手建设移动版门户网站。移动版图书馆网站提供了部分图书馆服务与馆藏信息，用户可以利用这一

---

① 夏南强,殷克涛,赵富红.论手机图书馆的信息服务 [J].情报科学,2009,(11): 1641-1644.

界面，通过掌上终端设备，搜索目录和主题指南、查询展览信息和开馆时间、论文等。美国波尔州立大学图书馆已创建了移动版网站，该网站能为图书馆用户提供目录搜索、期刊全文搜索、图书馆导引视频及其他馆藏与服务信息（如馆际互借），用户还能通过移动参考网站查询天气、新闻、体育、金融等综合信息。美国里士满大学图书馆的移动网站可以提供图书目录搜索，查询到图书馆的电脑及个人电脑占用的实况信息，并能以 E-mail、即时通信工具或短信的方式提交参考咨询问题。

2. 国外图书馆界的技术尝试

无线应用通信协议（wireless application protocol，WAP）是在数字移动电话、因特网或计算机之间进行通信的开放式全球标准。此种方式要求用户的手机具备上网功能，具有软件，能够访问 WAP 网站的浏览器软件。因此，用户在使用这种模式的时候，需要付出一定的数据通信费用。在此基础上，用户可以随时浏览各种数字资源信息，挑选自己需要的资源进行下载阅读。新加坡义安理工学院图书馆的手机 WAP 服务，只要求用户具有一部支持 WAP 的手机。英国汉普郡图书馆建了一个 WAP 网站，为 WAP 手机用户提供该郡 54 家图书馆的详细地址、联系方式、开放时间等信息。

日本移动公司通过移动电话使用因特网服务，其采用分组交换叠加技术，保证用户实时在线，使用简化的 HTML 编辑网站，让传统的 Web 网站容易转变为 i-Mode 网站。日本富士山大学图书馆以及东京大学图书馆利用 i-Mode 技术分别开发了各自的书目查询系统。从技术层面而言，国内运营商完全可以开发类似的平台、网站，诸如起点、九一等中文小说网站也都研发出了拥有自主知识产权的移动阅读平台，从服务模式和内容上看，和移动数字图书馆的原理是相通的。此外，国际组织万维网联盟（world wide web consortium，W3C）还制定了一系列针对手机图书馆的建议标准，特别是在 2008 年底提出的"移动Web 最佳实践"草案。该草案在原有标准的基础上倡导一套新的修订标准，依循该标准创建 Web 内容，能极大地提高手机移动设备浏览 Web 站点的便利性。根据草案的建议，在设计 3G 手机图书馆服务 Web 网站时，开发人员需要注意以下几个方面：（1）手机图书馆系统的 Web 服务应该具备简约的界面风格、明细的组织结构、合理的导航方式。Web 页面大小要与手机屏幕分辨率接近（如QVGA 240×320），字体适中。（2）图书馆技术开发人员在网络通信开发和Web 设计中应严格使用 W3C 标准的网络协议和语法，谨慎使用 Cookie、CSS、HTTPS、Ajax 等，以确保各种类型手机终端都能获取网页内容。避免使用 PC

上微软公司自带的非 W3C 标准的 HTML 语法或代码命令。（3）手机图书馆系统 Web 服务器端的代码要能够检测出来访用户使用的是手机终端，还是 PC。如果检测出是手机终端，则提供正常的 Web 内容；若检测出是 PC，则将用户的访问请求转向原来的数字图书馆 Web 系统。此功能通过 HTTP 协议中 Agent 字段的判断实现。

3. 国外学者对移动图书馆的应用研究

移动图书馆服务作为图书馆拓展自身服务范围、提升服务能力的重要途径之一，不断受到国外学者的重视。

（1）关注手机用户的移动服务需求。关注手机用户的移动服务需求是提升手机图书馆服务的必要前提。萨莉（Sally Wilson）等在 2010 年通过对加拿大瑞尔森大学图书馆的用户调查发现，该校拥有智能手机的学生数占学生总人数的 20%，预计在未来的 3 年内，这一比例将增至 80%。针对这一发展情况，图书馆应该充分挖掘和提升基于智能手机的移动服务。詹森（Jensen）通过对用户使用多种手机进行移动阅读的调研指出，手机具有高效和使用方便的特点。因此，虽然目前并没有太多用户利用手机阅读资料，但是，这种情形将很快发生改变，图书馆应该抓住这样的机会，将自身收藏和整理的各类资料通过用户较为熟悉和使用方便的手机进行提供。

（2）不断探索手机服务与图书馆移动服务的融合。乔尔（Joel Cunmings）等在 2010 年设计了一份用于调查用户是否会通过手机访问图书馆 OPAC 的问卷。研究结果表明，58.4% 的受调查者表示会通过手机访问图书馆的 OPAC。由此可见手机图书馆的发展潜力。资源建设是移动图书馆服务的基础。为了研究图书馆的馆藏资源建设是否受到移动用户的直接影响，格伦（Glenn Davidson）等在 2009 年对新西兰 6 家提供移动图书馆服务的图书馆馆藏采集标准与选择策略进行了调研。研究结果表明，在移动图书馆馆藏建设方面，并没有"放之四海而皆准"的选择标准；移动图书馆的馆藏建设者需要考虑不同类型移动用户的需求，以实现相互之间的平衡。当然，馆藏资源采集与建设标准需要考虑多方面的因素。

（3）注重实际效果并有效总结经验。劳里（Laurie）等在 2010 年对当前世界范围内有关移动应用、移动技术在图书馆的应用，特别是手机访问图书馆 OPAC 等研究进行了系统的评述，深入剖析了当前图书馆通过软件开发商提供和图书馆自行开发的移动信息服务，并从图书馆领导者和创新者的角度指出，将图书馆现有的资源与服务借助手机平台进行有效整合的重要性，同时就这一发展方向提供来了有操作性的若干建议。米可尔（Miquel CodinaVila）[①] 等指出，提供基于手机的信息服务有利于以各种不同的方式扩大用户对图书馆的应用范围，也有利于馆员与用户之间通过手机建立更为密切的关系。因此，图书馆要敢为人先，不断尝试借助各种有利于推动移动服务的软件和工具提升自身的服务水平和被用户认可的程度。比勒（Buhle Mbambo-Thata）以南非大学图书馆为例，分析该馆手机图书馆服务的效果。他认为，手机图书馆服务不应该成为被生拉硬拽到图书馆业务中的一种服务方式，图书馆建设者应该有清晰冷静的思考和客观准确的判断，监测和评价这一服务方式给图书馆带来的影响。在此基础上，有的放矢地开展手机图书馆服务。利斯曼（Lissermann）提出，诸如iPhone 等智能手机功能的加强使得远程学习者可以不受时空限制浏览和使用各种电子课件，但是当前绝大多数具备移动视频浏览功能的手机并不能有效地支持用户方便地浏览语义相关的海量电子课件资源。为此，罗曼（Roman）等服务开发了一款专门用于浏览电子课件资料的软件。其使用试验结果表明，该软件有利于提升用户对电子课件资源的利用效率。

国外学者对手机图书馆服务的研究成果表明，开展移动图书馆服务是图书馆在移动互联网时代不可回避的一种信息服务方式。因此，图书馆需要考虑的问题不在于图书馆要不要开展移动图书馆服务，而在于图书馆应该如何利用手机图书馆开展方便快捷的移动信息服务。

第三节　超星移动图书馆建设实务

一、超星移动图书馆的建设思想

（一）设计理念

超星移动图书馆是以移动无线通讯网络为支撑，以图书馆集成管理系统平台和基于元数据的信息资源整合为基础，以适应移动终端一站式信息搜索应用为核心，以云共享服务为保障，通过手机、iPad 等手持移动终端设备，为图书馆用户提供搜索和数字信息资源，自助查询和完成借阅业务，帮助用户建立随

---

① 陈维．数字图书馆特色资源共享与服务研究[M]．杭州：浙江工商大学出版社，2015：312．

时随地获得全面信息服务的现代图书馆移动服务平台。其真正实现了数字图书馆最初的梦想：任何人在任何时间、任何地点获取所需要的任何知识。

（二）设计原则

1. 以需求确立定位

用户使用移动图书馆时有两个行为特点：检索和碎片化阅读。检索是获取信息的基础。因此，超星公司将在互联网上广泛应用的基于元数据整合的一站式搜索引擎移植到移动图书馆平台。碎片化阅读是手持移动终端阅读的主要形态。因此，超星移动图书馆的设计紧紧围绕为用户查到并阅读到所有图书的章节和主题片段提供支持。同时，在资源方面，超星移动图书馆还加入了大量有价值、有意义，适合碎片时间阅读的纯文本 ePub 图书，满足用户休闲阅读的需要。

2. 以技术支持选择

手持终端多种多样，系统设计时充分考虑到了应用终端的兼容性。让用户根据自己使用的普通手机、触摸屏手机、iPhone、iPad、基于 Android 的移动终端等各类手持设备自由选择适合自己的应用环境。

3. 以体验引领功能

由于受到屏幕大小、访问速度、功能操作、全文阅读格式和流量费用等方面的影响，手持终端设备具有与计算机不同的要求。超星移动图书馆精心优化操作流程和页面布局，去除一切不必要的内容，让用户在进行每一次操作时只用最少的步骤就能达到目的，还为图书、期刊等的阅读提供纯文本形式和图片形式两种阅读选择。

4. 以共享增强保障

找到并得到全部有用信息是移动图书馆与用户共同的出发点和目标。超星把在互联网上已经高效运行的云服务共享体系嵌入移动图书馆平台，用户不但可以查找到本馆馆藏纸质文献和电子资源，而且还可以一站式查找全国范围的资源分布情况；不但可以方便快捷地访问本馆拥有的资源，而且还可以利用图书馆强大的云服务能力获取馆外数百家图书馆的资源传递服务。

5. 以空间满足个性

为了满足用户的个性化需要，每一位用户都可定制一个个人中心。在个人中心界面，用户通过现有的 OPAC 系统，可以完成馆藏借阅查询、续借、预约、借阅证挂失等自助服务，选择借书到期提醒、图书馆新闻、通告、专题新书通报、热门书推荐等短信提醒和信息推送服务，还可以修改基本信息，建立收藏夹，了解自己的检索历史、浏览历史、收藏历史等。把用户的移动空间变成了一个随时随地可以使用的信息采集工具。

（三）功能构架

超星移动图书馆需要实现五大功能：（1）与 OPAC 系统集成，实现纸质馆藏文献的移动检索与自助服务；（2）与数字图书馆门户集成，实现电子资源的一站式检索与全文移动阅读；（3）与全国共享云服务体系集成，实现馆外资源联合检索与文献传递服务；（4）构建用户信息交流互动平台，实现公告信息发布与用户个性化服务定制；（5）与 RSS 订阅系统集成，实现多来源信息的个性化阅读体验。

（四）解决两大关键技术

目前，大多数手机通过 3G 或 GPRS 网络上网。这些网络一般没有固定的 IP，或者整个县、市级地区的所有手机用户都是一个 IP 段。因此，数据库商无法对某一特定 IP 范围的移动终端用户群开放数据库资源权限。

超星移动阅读整合服务平台通过在用户图书馆 IP 范围内设置代理服务器，为图书馆注册用户解决移动终端访问图书馆购买和自建的受 IP 控制的数据库资源的问题，使用户通过手机和其他移动终端访问到图书馆的所有数据库资源。

手机的使用界面和计算机的使用界面有着完全不同的风格。目前，数据库商提供的界面都只适合在计算机上使用，而各个数据库商提供的界面风格各不相同。通过超星移动阅读整合服务平台，可在尊重数据加密措施基础上，将各个数据库不同的界面转换为适合手机等移动终端使用的统一界面呈现给用户。

二、超星移动图书馆的建设内容

（一）基于云服务技术的资源整合技术方案

1.资源整合系统架构

资源整合系统的整体架构分为三层：应用层、业务层、数据层。从实际应用角度入手，针对用户和管理者，全面整合馆藏中的各种学术文献。通过以上架构可以实现上述几个方面的功能。

（1）为用户构建一个基于网络、远程利用资源的和谐学习环境。

（2）通过系统平台、技术手段和馆员的工作，对信息资源进行充分的挖掘、关联和升值，利用云服务技术快速形成全国范围的联合目录体系，对资源和服务的整体性揭示更全面、更深入，使信息的查找和定位更细化和快捷。

（3）使用户感受到的文献信息资源是一个整体，不再是零散割裂的"信息孤岛"。消除用户为了查询所需要的资料需要分别登录不同的系统、熟悉不同的检索命令、重复进行检索的烦恼；同时，用户可以自主完成直接下载或传递等全文操作，无缝实现"检"与"索"的高度统一。

2.元数据挖掘存储管理系统

近年来，跨库检索作为一种关键技术，与开放链接、资源导航、个性化服务、用户认证、权限管理等功能一起构成一个实用的数字资源整合系统－资源门户。但是，在实践中，分布异构环境下的跨库检索情况比较复杂。一方面，追求对所有资源的跨库检索只是一种理想状态，实际中系统只能做到兼容尽可能多的资源。另一方面，对几十种资源笼统地实现跨库检索并无实用价值，用户的需求是针对某个学科主题、文献类型以及个性化需求的资源导航和检索。

针对以上困难，近年得到广泛应用的元数据挖掘存储管理系统以元数据检索方式改变了用户对整合平台的认识。通过对元数据进行存储和预处理去重排序，为用户提供互联网搜索引擎方式的检索体验。元数据管理的主要任务有两个方面：一是负责存储和维护元数据库中的元数据；二是负责数据仓库建模工具、数据获取工具、前端工具等之间的消息传递，协调各模块和工具之间的工作。

3.元数据处理流程

数据整合技术：把各个文献系统中的数据收割、转换、集成到数据仓库中。数据整合技术分成以下三个部分。

第一部分，将已经收集到的海量图书元数据、中文期刊元数据和外文期刊元数据直接存储到元数据库中。

第二部分，对于还未收集库部分，利用基于 OAI-PMH 协议的收割中外文元数据工具，收割支持 OAI-PMH 的开放资源的元数据并将其更新保存至元数据库中。但是采用 OAI 技术收集元数据的实用案例，基本都是应用在开放存取（OA）的资源或以联盟模式建设的资源中，商业性学术资源一般都不支持遵循 OAI 的数据收集。采用 OAI 技术收集元数据的前提是资源拥有者愿意作为数据提供者开放 Data-Provider 接口。

第三部分，对于不支持 OAI-PMH 的数据库，利用基于网页分析的元数据抓取工具spider，可抓取不支持OAI-PMH的元数据并将其更新保存到元数据库中。

4.元数据建设对象

元数据建设对象为区域范围内的馆藏与电子资源，包括图书（教材、教参）、期刊、会议论文、学术论文、报纸、专利、标准、视频（课程、学术）、互联网免费资源等多类别、多格式资源的数字资源和馆藏资源。

（二）一站式统一检索系统的建设

1.全文搜索引擎

资源统一检索服务系统旨在通过与图书、期刊、学术论文等中外文资源调度系统及馆际互借系统集成，对各种异构数字资源进行应用检索整合。

全文搜索引擎能实现对文章题名、主题、作者等的分析型检索，特别实现对文章内容的全文检索，使用户能够快捷地获得深入、合适的检索结果，并且通过先进的知识组织体系和语义检索获取信息。该系统为用户提供统一的检索界面和统一的检索语言，使用户能对本地和异地的各种资源、多种异构资源、各种资源元数据联合仓库进行跨库检索。该系统既可独立使用，也可作为数字文献服务环境的核心组件之一，与其他应用系统（如资源调度系统、馆际互借系统等）无缝集成。

2.功能描述

（1）元数据搜索。通过推荐的主要搜索方式，搜索元数据仓储中已经收割预处理好的元数据，搜索结果无重复，对于同一篇文章有多个数据商同时拥有的情况，可以列出文章出自多个数据商的列表，检索结果清晰统一。

（2）全文检索全文检索功能支持对文章内容的全文检索。超星移动阅读整合服务平台成功对6亿页全文资料实现了全文检索，并且历经多次改进，运行稳定高效。

（3）快速检索。快速检索功能使用户像利用搜索引擎一样检索学术资源。图书馆可自定义多个快速检索集并自由排序，供初级用户选择检索。

（4）多面检索。检索任何一种资源时，同时显示其他相关资源信息；检索资源的某一个方面时，同时获得其他方面对信息的揭示内容。

（5）检索结果整合。检索结果整个功能支持对检索结果的统一格式显示，支持排序、合并和去重。可分别查看中间及最终检索状态、各库检索结果或者合并检索结果，并且能够对合并检索结果进行聚类和分组。

（6）资源导航：可通过字顺列表、主题分类及其他查找方式，对各种电子资源进行导航。

（7）语义分析。系统通过对用户检索词的自然语义分析，调整分词体系以达到精确检索和智能检索的目的。

（三）资源调度系统的建设

1.建设任务

资源调度系统主要提供所有被整合揭示资源的原文（数字化视频）链接服务。该系统是基于OpenURL标准的多级调度系统，能够自动更新调度知识库。资源调度系统以动态脚本技术制定调度规则，便于增加新的资源和新的服务，更有效地实现服务的调度。

2.功能描述

（1）OpenURL全文链接。Open ORL全文链接是一种附带元数据信息和资源地址信息的"可运行"的URL。通过维护链接解析器依照规则动态生成开放链接的URL，实现了资源之间一对一、一对多的"恰当"链接，对文献之间错综复杂的关系进行了有序的动态管理和链接。

（2）权重设立。对不同资源设立权重，根据顾客端来源情况判断优先调度最快资源，权重依次为本地本馆已有资源、成员馆远程资源、文献传递。

（3）去重显示。通过对元数据查重合并，检索结果不显示重复记录，但可以同时查看一篇文章所有资源提供商的全文链接，用户可识别选择使用任意一个链接。

（4）自动传递优先于人工传递。对于常用资源，实现自动传递；对于无法判断的需求，自动转到人工传递队列。

（5）资源调度。通过统一认证后，系统自动判断该用户的授权使用资源，若用户需要获取非授权资源时，系统能自动提示授权范围成员馆（单位）名称，并提供资源调度申请表。

（6）资源调度配置。利用原文链接配置工具，系统可以配置资源调度知识库，并计算出原文敏感超链接。

（7）内置资源知识库。资源调度系统提供内置的中外文数据库资源配置规则，图书馆馆员可根据图书馆资源情况进行直接调用。

（8）资源获取分发。系统收集区域内文献题录信息，对于权限内的用户，系统直接提供全文访问链接；对于无法直接访问的用户系统提供共享和文献传递功能，将用户传递需求分发到馆藏该资源的成员馆并进行传递调度。

（四）文献传递系统的建设

1. 文献传递系统概述

超星移动图书馆的建设要应用先进的云服务实现文献传递系统与 OPAC 系统、电子书系统、中文期刊、外文期刊、外文数据库系统等的集成，用户直接通过网络提交馆际申请，可以实时查询申请处理情况，并通过平台无缝获取成员馆丰富的文献馆藏及电子资源。

2. 功能描述

（1）馆际互借。成员单位接到调度申请后，自动或手动传送用户所需调度资源。系统遵循 ISO 10160 或 ISO 10161 标准。以当地图书馆为单位，与其他成员馆实现馆际互借。

（2）文献服务统计集成。馆际互借与文献传递系统、元数据仓储的统一检索系统集成，用户检索出所需的结果后，可直接请求文献。文献传递系统和文献服务统计系统无缝集成，可实现单位之间的服务统计功能。

（3）文献传递。文献传递系统可嵌入资源检索系统中，系统根据检索结果向所有成员馆自动发送请求，任一成员馆"抢答"请求时，传递均可实现。

（4）传递管理。传递管理主要包括用户管理、账户管理、事务管理、统计报表、系统管理等。

（5）馆际互借管理。资源共享系统在区域中能够为各个成员馆分配管理员和馆际互借员。

（6）事务管理。事务管理主要包括本馆借阅申请、外馆借阅申请、馆际互借事务处理。

（7）文献服务统计管理。文献服务统计管理主要包括馆与馆之间的文献服务统计。

（8）统计与报表。统计与报表主要包括馆际互借员工工作量统计、用户申请统计、与其他馆馆际互借统计。

（五）超星移动阅读整合服务平台建设

超星移动阅读整合服务平台的建设包含以下几个方面。

（1）完成与 OPAC 系统集成，实现纸质馆藏文献的移动检索与自助服务。包括定制移动 OPAC 系统、馆藏在线借阅、查询、预约、续借、到期催还等功能模块。

（2）完成与数字图书馆门户和全国共享云服务体系的集成，实现电子资源的一站式检索与全文移动阅读、馆外资源联合检索与文献传递服务。

（3）构建用户信息交流互动平台，实现公告信息发布与用户个性化服务定制。

（4）购置适合用户在手机等移动终端进行阅读的专用电子资源，包括 3 万册 ePub 格式电子全文图书和 1000 万篇电子报纸。

（5）建立用户注册与身份认证系统、一站式搜索引擎、电子全文调度与界面转换平台以及适合普通手机、触摸屏手机、iPhone、iPad、基于 Android 的移动终端等各类手持终端设备的门户网站。

总之，超星移动图书馆依托资源、技术优势，深入分析用户需求，帮助用户、在任何时候、任何地点获取任何图书馆的任何信息资源，为实现数字图书馆的最终目标奠定坚实基础。

（六）超星移动资源包的建设

1.超星移动图书馆的概述

超星移动图书馆集成 RSS 订阅功能，有效地为用户提供个性化信息服务，包括新闻、时评、图书、报纸、杂志、图片、有声读物和视频课程、资讯等近 30 种频道分类，使得用户在任何时间都可以有针对性地获取自己所需的信息，实现了为用户提供多来源信息的个性化阅读体验。

2.功能描述

（1）热门推荐。热门推荐主要包含以下几个方面：

①焦点新闻。精选的每日国家要闻，实事热点。

②热门推荐。每日提供 27 个频道的新闻。

③热门分类。热门分类包括财经、文史、科学探索、教育等方面的新闻，每一个类别都有多个新闻频道，用户可以自由选择阅读。

（2）书籍导航

3 万多本 epub 纯文本图书最适合在手机上面阅读，5000 多种图书，包含青春文学、经济管理、成功励志、人文社科、经典名著、文化艺术、生活时尚等方面的内容。

（3）报纸导航。从 160 多种主流报纸、各个省份重要报纸中甄选出要闻，不间断更新。

（4）视听导航。超星移动图书馆提供近1000集的有声读物，通过唯美音乐和磁性嗓音的搭配，有效地改善了传统移动阅读的体验。同时还提供2万多集课程的在线视频课堂，让用户随时随地听到、看到名师的课程。

三、超星移动图书馆的工作原理及流程

（一）OPAC挂接原理

在超星移动图书馆中可实现图书馆OPAC系统中用户常用功能，如馆藏查询、浏览详细信息、查看馆藏状态、预约、借阅列表、续借等。

实现方式一：由图书馆提供OPAC系统相关功能的接口。

（1）OPAC登录接口。根据OPAC账号和密码，验证是否为该OPAC的用户，返回登录是否成功标识。

（2）馆藏查询接口，关键词和相关字段组合查询相关纸本资源，支持翻页，可以定制每页显示条数，显示为纸本的基本信息，其中应包括：书名、作者、出版社、出版年、索取号、馆藏数量、可借数量、是否可以预约，以及纸本的流水号。

（3）纸本的详细页面接口。根据纸本的流水号，查询纸本的详细信息，其中包括相关的藏书情况、所在校区、复本的各个状态、是否在家、是否可借、是否可预约、是否可预借。

（4）预约接口。根据图书的流水号、用户证号、密码，预约图书，接口可以自动验证该书是否能够预约和用户的合法性，返回对应的状态。

（5）借阅信息接口。根据用户证号和密码获得对应的用户借阅信息，其中应当显示图书的基本信息，是否达到续借条件，是否超期，超期时间。

（6）续借接口。根据纸本流水号、用户证号、密码，续借纸本，接口可自动验证纸本或用户是否符合续借规则和用户的合法性，返回对应的续借操作是否成功标识。

实现方式二：页面分析，其原理是通过HTTP协议访问OPAC系统，通过对该协议返回的页面信息进行DOM解析，封装转化为所需的字段信息，并展示到超星移动图书馆。由于开发需要，此实现方式要求OPAC系统允许外网访问。此实现方式过程复杂，如有大量OPAC功能定制，需另外提供接口。

（二）工作流程

超星移动图书馆的工作流程如下：

（1）发出请求。用户通过搜索框完成检索主题词录入，并将请求发送到平台。

（2）搜索。平台将搜索请求发送到一站式搜索引擎（百链），获得所要的检索结果。

（3）资源定位与调度。搜索引擎将结果原文地址发送到平台，平台向资源库发出全文调度请求。

（4）返回所要全文。资源所在数据库向平台返回所要全文（直接点击阅读或文献传递）。

（5）全文界面转换。平台将数据库返回的原始页面转换为适合用户在手机等终端设备上进行阅读操作的页面并发送到用户的移动终端设备上。

（6）全文浏览阅读。用户利用超星移动图书馆提供的平台浏览、阅读、管理获得的文献资源。

四、超星移动图书馆的特点与优势

超星移动图书馆依托集成的海量信息资源与云服务共享体系，为移动终端用户提供了资源搜索与获取、自助借阅管理和信息服务定制的一站式解决方案，具有十分突出的特点与技术优势。

（一）基于元数据的一站式检索

超星移动数字图书馆应用元数据整合技术对馆内的中外文图书、期刊、报纸、学术论文、标准、专利等各类文献进行了全面整合，在移动终端上实现了资源的一站式搜索、导航和全文获取服务。

（二）适合手机的信息资源

充分考虑到手机阅读的特点，其专门提供了 3 万多本 ePub 电子图书、7800 多万篇报纸全文供手机用户阅读使用。

（三）云服务共享

超星移动数字图书馆接入功能强大的云共享服务体系，平台提供 24 小时云传递服务，无论是电子图书还是期刊论文，都可以通过 E-mail 接收电子全文。系统接入云共享服务的区域与行业联盟已达 78 个，加入的图书馆已有 723 家；24 小时内，文献传递请求的满足率：中文文献 96% 以上，外文文献 85% 以上。

（四）个性化服务体验

通过设置个人空间与图书馆 OPAC 系统的对接，超星移动数字图书馆实现了馆藏查询、续借、预约、挂失、到期提醒、热门书排行榜、咨询等自助式移动服务，用户可以自由选择咨询问答、新闻发布、公告（通知）、新书推荐、借书到期提醒、热门书推荐、预约取书通知等信息交流功能。

五、超星移动图书馆顾客端的功能界面

超星移动图书馆提供基于 iOS、Android 系统的手机顾客端体验。超星移动图书馆顾客端的布局清晰明了，操作方便，内容模块化，有更好的用户体验。顾客端内同样嵌入了基于元数据整合的一站式搜索引擎，不仅提供海量图书的检索与全文阅读，而且还提供图书资源的下载。馆藏书目模块与传统 OPAC 系统对接，实现了馆藏查询、续借、预约等功能。另外，顾客端推出条码扫描功能，用户一拍即可得到馆藏书目情况。

（一）馆藏书目

馆藏书目主要是查询本馆纸本资源的基本情况，让用户方便快捷地对本馆资源进行查询、预约、续借等操作。

（1）点击顾客端首页的"馆藏书目"模块，进入馆藏书目查询界面。

（2）输入关键词，进入检索结果界面。

（3）点击一本图书，进入馆藏书目界面。用户在此页面可以查看馆藏分布、书刊状态等信息，还可以进行图书预约。

用户还可以通过扫描条码的方式查询馆藏书目点击开始扫描，对准图书的条码，即可查看图书的馆藏状态。也可手动输入 ISBN 号的方式查询馆藏书目。

（二）学术资源

学术资源界面分为图书、章节、期刊、报纸、视频、论文 6 个模块。图书频道功能包含以下几个方面。

（1）在首页输入检索词进行检索，得到的检索结果界面提供图书的全文阅读及下载。

（2）选择点击一本图书，进入图书卡片页，图书卡片页提供多种获取资源的方式：阅读全文、下载到书架、文献传递等。

（3）点击阅读，可以对图书某一页添加标签、批注，查看章节，调节亮

度等。

（4）下载的图书直接储存到"我的书架"中，下载完成后，可直接从书架中查找并阅读图书。

（5）图书频道首页提供热门图书的推荐阅读。

（三）内容中心

内容中心分别有电子书库、报纸、视频和有声读物四个板块，可以将感兴趣的内容添加到首页。

参考文献

[1] 韩雨彤，常飞. 图书馆信息资源建设发展研究 [M]. 北京：应急管理出版社，2020.

[2] 凌霄娥. 图书馆管理艺术与信息化应用研究 [M]. 西安：西北工业大学出版社，2020.

[3] 林团娇. 数字图书馆资源建设研究 [M]. 延吉：延边大学出版社，2019.

[4] 王宏波，来玲. 信息资源检索与利用：第 4 版 [M]. 大连：东北财经大学出版社，2019.

[5] 代宏. 现代图书馆与数字资源利用 [M]. 哈尔滨：黑龙江科学技术出版社，2015.

[6] 武三林，韩雅鸣，等. 基于技术融合的图书馆数字资源利用服务机制研究 [M]. 北京：科学技术文献出版社，2017.

[7] 徐娜，陆桂霞，许雪梅. 现代图书馆资源开发与利用 [M]. 哈尔滨：东北林业大学出版社，2009.

[8] 王运堂. 图书馆信息资源建设与利用 [M]. 北京：中国文联出版社，2005.

[9] 计斌. 信息检索与图书馆资源利用 [M]. 北京：人民邮电出版社，2015.

[10] 李厦. 图书馆资源的充分利用 [M]. 沈阳：沈阳出版社，2017.

[11] 王昕，董晓军. 图书馆管理与信息资源利用 [M]. 长春：吉林人民出版社，2017.

[12] 李佳，朱吉亮，张艳芳. 图书馆阅读服务与情报信息资源利用 [M]. 北京：北京工业大学出版社，2018.

[13] 叶杨，许红婷，廖志豪. 图书馆管理与档案信息资源利用 [M]. 长春：吉林美术出版社，2018.

[14] 王军，刘素军，何泽宁. 数字图书馆信息资源共建共享及其检索利用研究 [M]. 长春：吉林大学出版社，2017.

[15] 刘鸿，杨秀兰，李俊锟 . 现代图书馆信息资源利用与服务创新探究 [M]. 上海：上海交通大学出版社，2016.

[16] 徐红玉 . 图书馆资源建设与开发利用 [M]. 北京：光明日报出版社，2016.

[17] 祝婷婷，姜晨曦 . 信息资源检索与图书馆利用 [M]. 长春：北方妇女儿童出版社，2016.

[18] 陈加新 . 现代图书馆及数字资源利用教程 [M]. 长沙：国防科技大学出版社，2014.

[19] 东方权，王琼 . 现代图书馆及数字资源利用 [M]. 北京：中国书籍出版社，2013.

[20] 范并思 . 图书馆资源公平利用 [M]. 北京：国家图书馆出版社，2011.

[21] 李威 . 试论数字图书馆内涵及我国数字图书馆建设 [J]. 智库时代，2021（6）：13-14.

[22] 陈丽萍 . 新媒体时代图书馆服务创新与发展研究 [J]. 传播力研究，2021（2）：159-160.

[23] 李晶 . 数字图书馆信息化建设与发展 [J]. 河南图书馆学刊，2021（2）：130-131，134.

[24] 张艳，钱昆 . 我国数字图书馆建设现状及对策分析 [J]. 参花（上），2021（4）：134-135.

[25] 马玲 . 图书馆信息化资源建设现状与建议 [J]. 科技与创新，2021（4）：110-112.

[26] 赵昭 . 信息化背景下图书馆管理创新研究 [J]. 数字化用户，2021（3）：76-77.

[27] 王志新 . 浅谈新时代背景下公共图书馆资源利用 [J]. 中外交流，2021（4）：149.

[28] 朱云溪 . 数字化图书馆资源建设的探析 [J]. 数字化用户，2021（9）：104-105.

[29] 钱梅蕾 . 探讨如何利用图书馆资源 [J]. 建材与装饰，2021（12）：170-171.

[30] 王宏 . 数字时代的图书馆资源建设 [J]. 卷宗，2021（9）：173.

[31] 易路杰 . 开放共享的图书馆资源建设 [J]. 中文信息，2020（7）：60.

[32] 黎玲 . 图书馆资源建设与新时代文化发展 [J]. 发明与创新（职业教育），2020（9）：161，167.

[33] 崔维梅 . 云模式下图书馆资源共享的发展 [J]. 中文信息，2020（2）：30.

[34] 李晶 . 数字图书馆的管理研究 [J]. 卷宗，2019（24）：178.

[35] 李梦洋 . 数字图书馆的建设与发展 [J]. 魅力中国，2019（25）：398.

[36] 王亚棉 . 如何提升高校图书馆资源利用 [J]. 北方文学，2019（18）：156，158.

[37] 马兰华 . 图书馆资源利用与流媒体个性服务探索 [J]. 农业图书情报学刊，2018（4）：178-181.

[38] 赵春艳，宋朝辉，吴国臣，等 . 大数据时代图书馆资源利用满意度分析 [J]. 经济师，2018（6）：245–246.

后记

　　不知不觉间，本书的撰写工作已经接近尾声，作者颇有不舍之情。本书是作者经历了大量资料查询与钻研后投入大量精力的作品，倾注了作者的全部心血。想到本书的出版能够为信息技术支持下图书馆资源利用与服务创新研究提供一定的帮助，作者颇感欣慰。同时，还要感谢在撰写的过程中所有提供帮助的同仁，经过了大家的努力，作者才能得出书中的研究结论，才能撰写成书并提供给广大用户。

　　同时，感谢在创作的过程中给予帮助的老师，他们的不懈努力、精益求精的专业精神以及对作者的鼓励，使得这本《信息技术支持下图书馆资源利用与服务创新研究》成书呈现在用户面前。本书还有需要改进之处，希望大家能够指出并提出建议，也希望本书能够得到社会各界的广泛支持，作者在此表示深深的感谢！